京都を学ぶ

―文化資源を発掘する―

洛南編

京都学研究会編

近世石清水放生会の再興

神幸行列での鳳輦（ほうれん）

（『石清水八幡宮放生会絵巻』坤巻、交野市提供、江戸時代後期頃）

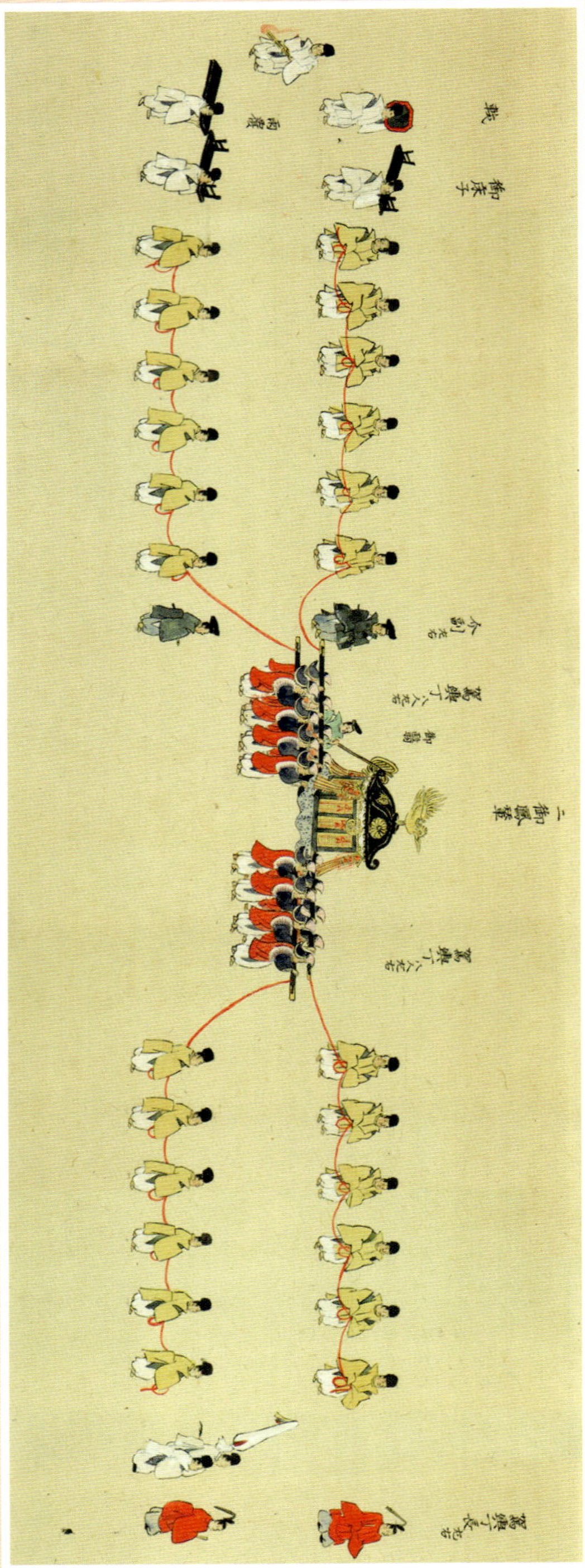

はじめに

本書は、「京都の文化資源」共同研究プロジェクトによる九冊目の一般書である。このプロジェクトは、京都府立京都学・歴彩館と、京都府内の大学・研究機関との連携によって推進されている。平成二七年度から、「洛北編」をはじめとして「丹波編、南山城編、洛西編、洛東編、伏見編、宇治編、丹後編」と刊行してきた。それぞれの共同研究を報告書に取りまとめるとともに、一般書としても刊行してきた。本書はその九冊目の刊行である。

本書で取り上げた洛南は、かつて洛中とも称された京都の南部であるが、北から鴨川、東から宇治川、西北から桂川、南から木津川が流れてきて合流し、淀川となって天王山・男山間の地峡から大阪湾へと流下する地域である。一六世紀に付け替えられた宇治川現河道の南側には、かつては巨椋池《おぐらいけ》の水面が広がっており、近世には単に「大池」と呼ばれていた。一六世紀の宇治川付け替え以前は、宇治川が直接流入していた水面であり、むしろ宇治川そのものでもあったとも表現できる。

洛南はまず、このような地形条件を基礎としつつ展開してきた。さらに、平安京・洛中・京・京都と、次期によって一般的に使用された呼称が異なり、また都市の性格や機能も異なったが、一貫して続いてきた大都市の南郊という立地条件によって、さまざまな文化交流や交通拠点、産業展開の舞台となってきた。本書における各節の論考は、基礎となった研究報告によりながらも、詳細な資料を割愛し、読みやすい形に再編したものである。さらに、第Ⅰ章に平安時代の与等津《よど》の節を加え、さらに各章にわたって六つのコラムを配して、洛南の特徴を紹介することとした。各コラムには、報告書掲載の論攷の一部をコラムとしていただいたものもあれば、新たにコラムとして執筆をお願いしたものもある。ご無理なお願いに応じて、コラムをご執筆いただいた方々にお礼を申し上げたい。

また、これらの各節の対象について、元になった詳細な調査報告をご利用になりたい方は、『令和五年度京都府域の文化資源に関する共同研究報告書（洛南編）』（京都府立京都学・歴彩館、令和六年九月）をご覧いただきたい。

本書の編集については、京都学・歴彩館長の金田章裕と京都府立大学文学部教授の東昇が担当した。また研究実施のみならず、研究会の実施、編集全般の進行・調整について、京都学・歴彩館のコーディネーター各氏のご協力を得た。本書出版についてはこれまでと同様に、ナカニシヤ出版のご高配を得ることとなった。お礼を申し上げたい。

本書が、洛南の文化資源の発掘とその理解の広がりに、多少なりとも寄与することがあれば、研究会としてこれほど幸いなことはない。

京都学研究会代表　金田章裕

令和六年一二月

京都を学ぶ【洛南編】

―文化資源を発掘する―

目次

目次

写真●
大扉／石清水八幡宮からの洛南の風景
目次／石清水八幡宮からの眺望
表紙／石清水八幡宮の竹林

洛南編 概略図

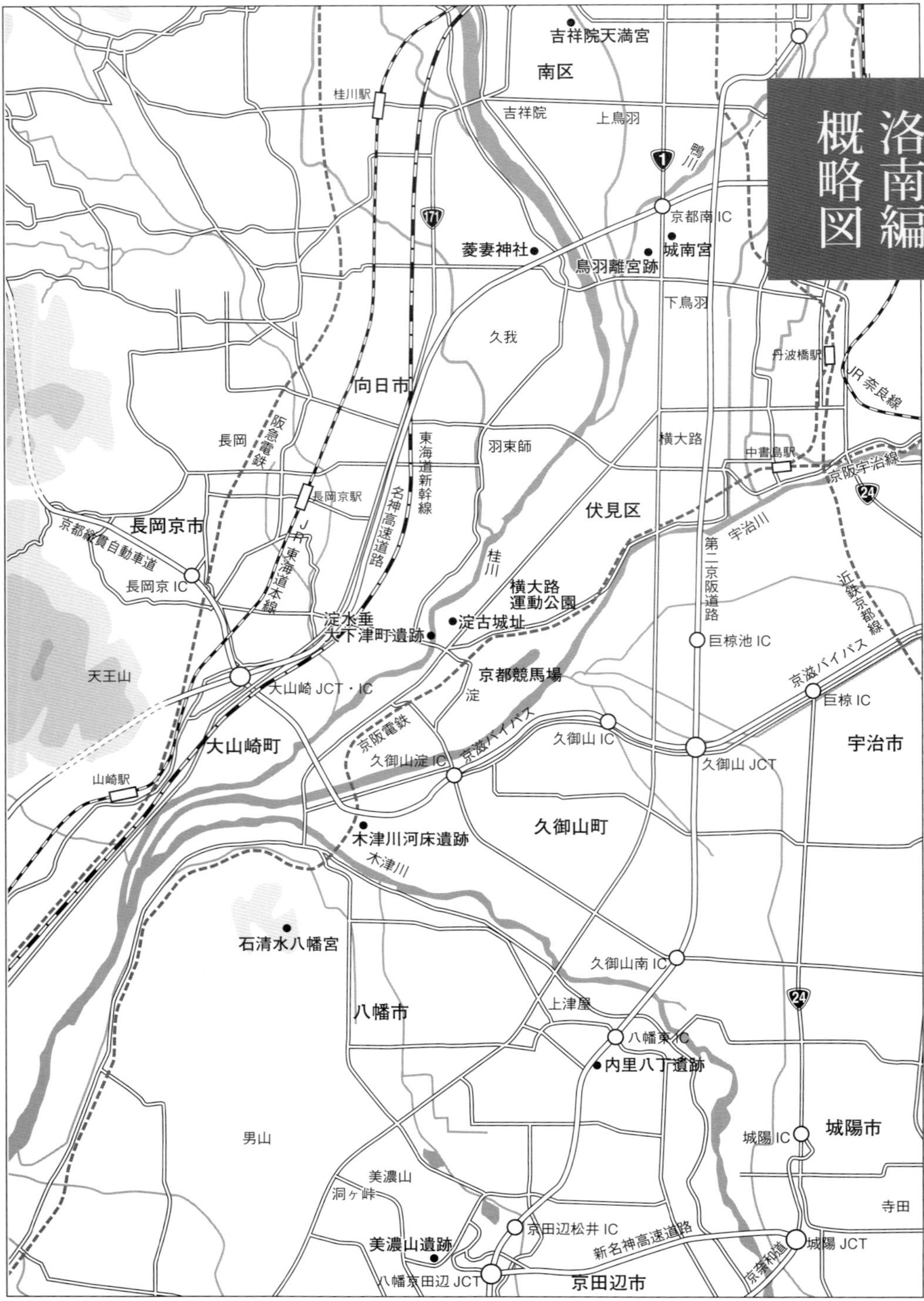
吉祥院天満宮
南区
桂川駅
吉祥院
上鳥羽
鴨川
1
171
京都南 IC
菱妻神社
城南宮
鳥羽離宮跡
下鳥羽
久我
丹波橋駅
JR 奈良線
向日市
阪急電鉄
長岡
東海道新幹線
羽束師
横大路
中書島駅
京阪宇治線
24
長岡京駅
名神高速道路
伏見区
宇治川
長岡京市
京都縦貫自動車道
JR 東海道本線
第二京阪道路
桂川
近鉄京都線
長岡京 IC
横大路運動公園
淀水垂大下津町遺跡
淀古城址
巨椋池 IC
天王山
京都競馬場
大山崎 JCT・IC
淀
京滋バイパス
巨椋 IC
京阪電鉄
久御山 IC
宇治市
大山崎町
久御山淀 IC
久御山 JCT
山崎駅
久御山町
木津川河床遺跡
木津川
石清水八幡宮
久御山南 IC
上津屋
八幡市
八幡東 IC
内里八丁遺跡
男山
城陽 IC
城陽市
美濃山
洞ヶ峠
寺田
京田辺松井 IC
新名神高速道路
城陽 JCT
美濃山遺跡
京奈和道
八幡京田辺 JCT
京田辺市

I 洛南の環境と交通

京都盆地南西部、淀周辺の旧河道について
—桂川下流域を中心に—

考古学からみた洛南地域の遠隔地地域間交流

コラム1
木津川河床遺跡

平安時代の与等津

コラム2
鳥羽離宮跡

I　洛南の環境と交通

京都盆地南西部、淀周辺の旧河道について
—桂川下流域を中心に—

中谷　正和

はじめに

京都盆地南西部の淀から横大路に至る一帯は、大小河川や池沼によって形成された低湿な沖積地が広がる水郷の地として知られる。北には、かつて日本の首都として栄えた平安京・京都、南西には石清水八幡宮が鎮座する男山丘陵と天王山間の山崎狭隘部《きょうあいぶ》を臨むこの地は、古来より歴史の舞台として、しばしば資料に登場している（図1）。

とりわけ淀は、古くから淀川水運の拠点かつ大和からの陸路が交わる水陸交通の結節点として、地政学上重要な地であった（古閑 二〇二四）。鎌倉時代前期の『顕注密勘《けんちゅうみっかん》』によると、淀は桂川・鴨川・宇治川・木

（図1）桂川西岸の河川敷に立地する淀水垂大下津町遺跡からみた山崎狭隘部（京都市埋蔵文化財研究所提供）

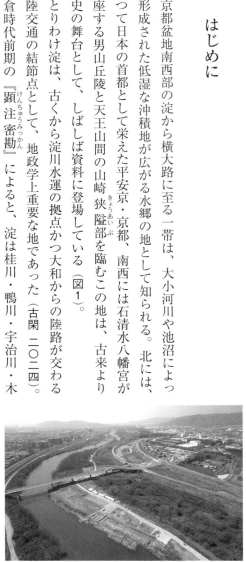

津川が合流する地にあり、「よど」の名は水がよどむ地形に由来するという。生活に不向きな低湿地が交通の要衝として栄えたのは、盆地内の河川すべてがここに収斂《しゅうれん》し、淀川となって大阪湾へと流れ出るという地理的要因に拠るところが大きい。京都盆地から大阪湾、そして瀬戸内海へと至るこれら淀川水系の河川は、西国からの人や物の往来には欠かせぬ重要な基幹航路であったことから、荷揚げや船の係留に適した淀は、古代から中世にかけて平安京・京都の外港「淀（与等《よど》）津」として賑わいをみせた。

しかし陸上交通の面からみれば、河川は移動を妨げる障壁であり、淀のように渡河に適した場所（渡河点）は、戦略上の重要地点としてたびたび係争地となった。大同五年（八一〇）の平城太上天皇《へいぜいだいじょう》の変（薬子の変）では、宇治橋と山崎橋とともに与渡市津に兵が派遣され警護の対象となり（『日本後紀』）、建武の乱や観応の擾乱《じょうらん》など南北朝期の内乱にあたっては、淀川や桂川を挟んで軍勢が対峙し、淀大渡《よどおおわたり》など渡河点をめぐる攻防が繰り広げられた（『太平記』）。さらに応永二五年（一四一八）に山城守護代三方範忠《みかたのりただ》が淀に陣を置いてのち（『看聞御記《かんもんぎょき》』）、永正元年（一五〇四）に史料上初めて現れる淀藤岡城（『実隆公記』）と京都守護の任を受けて淀城がこの地に築城されたことは、その政治・軍事的な重要性を物語る。

同時にこれらの河川は氾濫を繰り返し、そこに暮らす当時の人々の生活に大きな影響を与えた。平安京遷都から室町時代にかけて約六〇〇年間の文献史料に残された平安京・京都の洪水記録は、これまで明らかになっただけでも三六三回あり、その中で桂川を含めた広域的な洪水記事は三二回を数える（片平二〇一三）。中でも『日本三代実録』貞観一六年（八七四）八月二四日や『左経記』長元七年（一〇三四）八月一二日の洪水記事は、京外の淀（輿度《よど》）で多数の家屋が流され人的な被害が生じたことを伝える。平安時代から現在に至るまで、たびたび記録に登場する築堤工事・防災対策は、河川による水害に苦慮する時々の実情を示すものであるだろう。

このように、京都盆地内を貫流する河川は、京郊における農業生産の用排水のみならず、そこに暮らす人々の生活と密接にかかわる地形要素として生産・経済活動に大きな影響を与えた。この地域の歴史を研究するにあたって、当時の河川の地理的な理解は、かつての人々の活動ならびに活動拠点の性格を考察するためにも欠かすことができない基礎的な作業といえるであろう。本章では、近年特に発掘調査成果の蓄積が著しい京都盆地南西部の、古代から中世における河川（河道）の変遷について考察する。

淀周辺の景観と河道の歴史

堤防や護岸によって河川の両岸が固定化された現在の景観は、これまで先人が積み上げてきた治水・利水事業の結果であり、以前の河川は、水流による浸食と運搬された土砂による堆積や人為

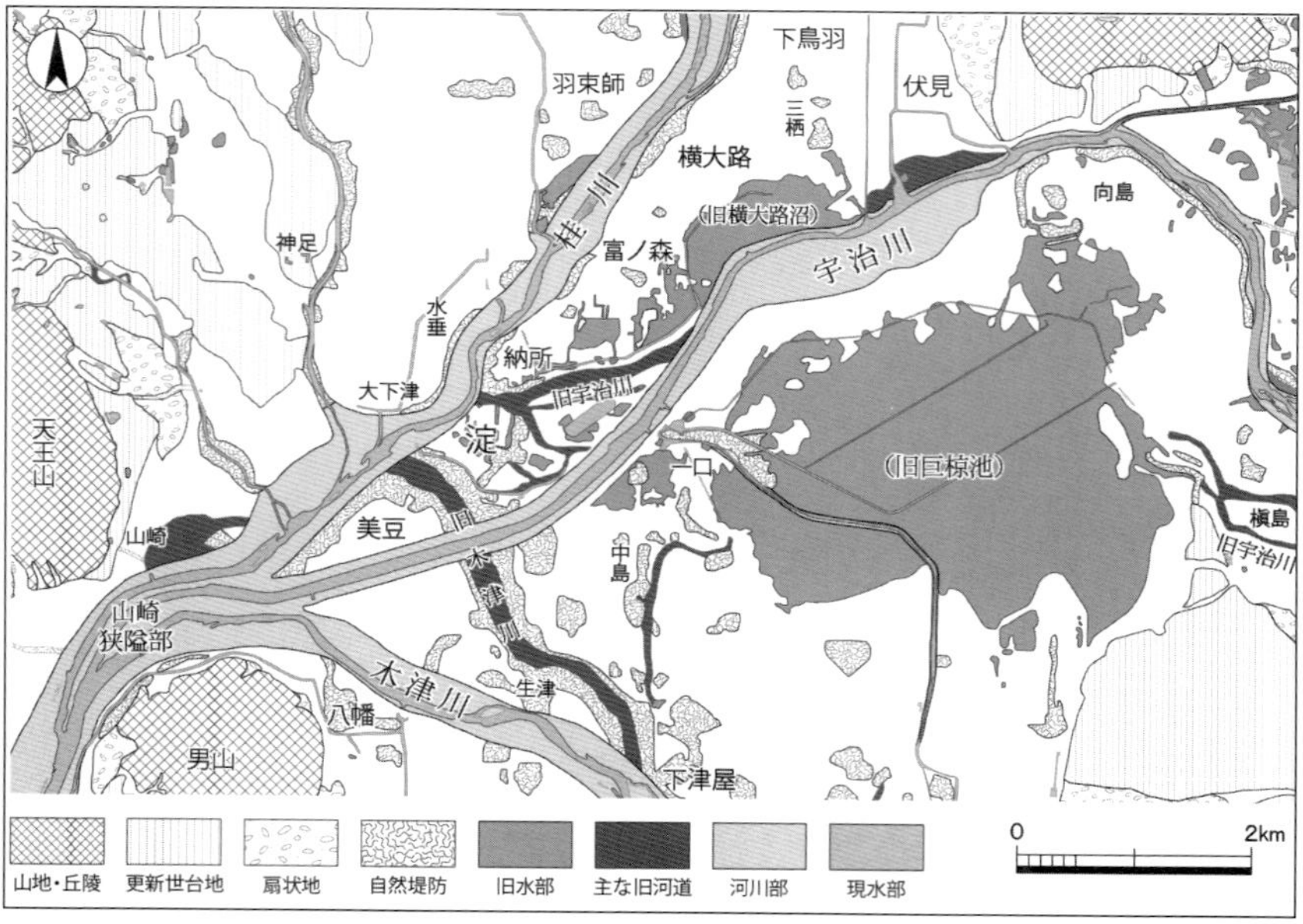

（図2）京都盆地南部の地形と主な河道（国土交通省国土政策局国土情報課 2014から作成）

的な力によって河道が移動することは稀ではなかった。

　現在の桂川・宇治川・木津川の三川は、京都府と大阪府の府境に位置する山崎狭隘部で合流する（図2）。この合流点は、明治元年から三年（一八六八〜一八七〇）の木津川改修工事、そして明治二九年（一八九六年）に制定された河川法を受け、以後約一四年にわたる歳月をかけて完了した淀川改良工事によって人為的に付け替えられたものである。

　これ以前、江戸時代の三川合流点は現在の淀周辺にあった。当時の三川合流の様子は、「正保山城国絵図」（宇治市歴史資料館所蔵）や「山城国地図」（国立公文書館所蔵）など残された絵図類によって視覚的に捉えることができる（図3）。これら絵図から、淀城の曲輪《くるわ》が設けられた川中の島洲を挟んで、桂川は現在と同様に淀の西側を南流し、宇治川は伏見から納所《のうそ》の南を抜け、木津川は淀の南西側で、各河川と合流した様子をみて取ることができる。

　江戸時代前期の河道変更は、寛永一四年（一六三七）から翌年にかけて実施された木津川筋での「川違え」がある。これは三川の合流部が淀城の至近にあって水害に見舞われやすいこと、島洲に築かれた狭小

（図3）「山城国地図（部分）」、中央やや西寄りに淀城と各川合流点（国立公文書館所蔵）

な城下町の拡張が求められたことを受け、それまで下津屋から北流していた木津川の河口部を南西へ付け替えたものである。現在の淀新町周辺は、この工事の際にそれまでの木津川河床を造成した曲輪であった（小林　一九九四）。

安土桃山時代は豊臣秀吉によって宇治川と木津川が付け替えられたとされている。同時代史料に乏しく実態は不明ながら、宇治川については『村井重頼覚書』に文禄三年（一五九四）秀吉が前田利家に築堤を命じたことが記されており、この工事に伴ってそれまで宇治から直接巨椋池へと流れ込んでいた宇治川本流の河道を伏見へと迂回させて淀へと至る河道が開削されたとする（足利ほか　一九七四）。木津川については、それまで淀の東側で巨椋池《おぐらいけ》に合流する河道を淀の南西側に付け替えたとされるが、これも詳細は不明である（谷岡　一九七三）。

室町時代の淀周辺の景観は、「明徳記」（『群書類従』合戦部）の記述から、当時木津川を隔てて「淀ノ中嶋」があり、中嶋から桂川の東岸と西岸それぞれに架橋されていたと推定されている（図４）。また一五世紀の終わり頃に記された『大乗院寺社雑事記』には、淀の船大工孫三郎の居所が「淀ノナウソ（納所）」にあり、そこが淀小橋の北にあったと記されている。納所の南を流下す

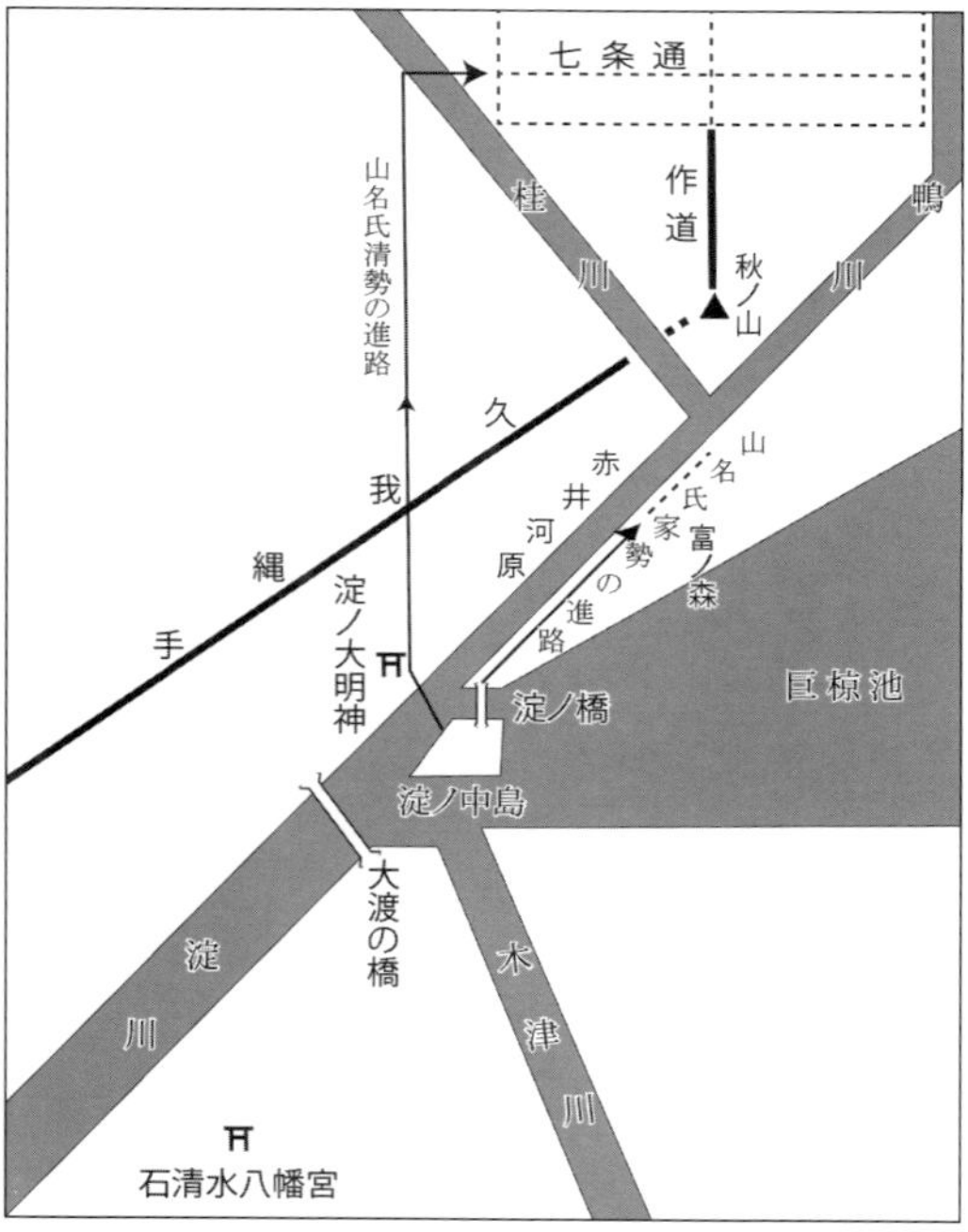

（図４）室町時代の淀概念図（田良島 1985 に加筆）

る河道は、宇治川付け替え前の室町時代には、すでに存在したと考えられている（田良島 一九八五）。

平安時代から鎌倉時代に至ると、さらに史料は断片的である。『御堂関白日記』には一一世紀初頭の淀が、南北流する河道を挟んだ東西両岸に広がりを持つことを示唆する「東西淀」という表現がある。具体的な場所については、西淀を明治時代まで與杼《よど》神社（淀姫大明神）が所在した淀水垂《みずたれ》・大下津地内、東淀を納所周辺、間を流れる河道は桂川と考証されている（岡部 一九一三）。また『中右記』には、それまで山崎経由であった石清水行幸が白河天皇の代に淀経由に改められ、その際は淀と美豆《みず》を隔てる河道の渡河に浮橋が利用されたことが記されている。以後の天皇行幸でも淀と八幡側を結ぶ浮橋や船が用いられたが、渡河の方向については室町時代以後が東西表記であるのに対して、鎌倉時代は南北表記である点は注目される（大村 二〇二四）。

桂川の河道変遷

これまで淀周辺の河道について、主に史料に基づく研究成果から概略したが、桂川下流の河道変遷については、わずかに『山州名跡志』など江戸時代の地誌類に横大路から巨椋池へと向かう河道の存在を伝える古老の伝が残るものの、確たる史料がなく不明な点が多い。平安時代の平安京と淀を往来する陸路が、淀に短絡する桂川東岸に沿った経路ではなく、鳥羽周辺で桂川を渡り、桂川西岸を移動して淀に至る経路であったことから、古老の証言のとおり鳥羽～納所間に河道があった可能性も指摘されているが、これを実証する史料はこれまでのところ確認できない（吉田 一九六二）。

しかし、近世以前の桂川の河道が固定されていたとは考えにくい。淀よりも上流であるが『中右記』承徳元年（一〇九七）三月二七日の記事は、大雨によって平安京南西部から南部の郊外で当時の桂川本流の東側に新しい河道が形成されたことを記す。記事にある河道の具体的な場所は不明であるが、『太政官符』と紀伊郡条里の検討から復元された平安時代の桂川は現在よりも大きく曲流しており、現在の松室あたりから桂離宮の西側を経由して吉祥院へと抜ける河道であった。その後は北東方向に向かって河道が移動し、「山城国上野庄指図」（『教王護国寺文書』）が描かれた室町時代には、ほぼ現在の位置まで遷移したことが、文献や絵図などの史料や空中写真、地形図から判読された微地形復元の分析から明らかにされている（図5、金田 二〇二三）。地形勾配が緩やかな桂川下流域でも、河道が移動していた可能性は高い。

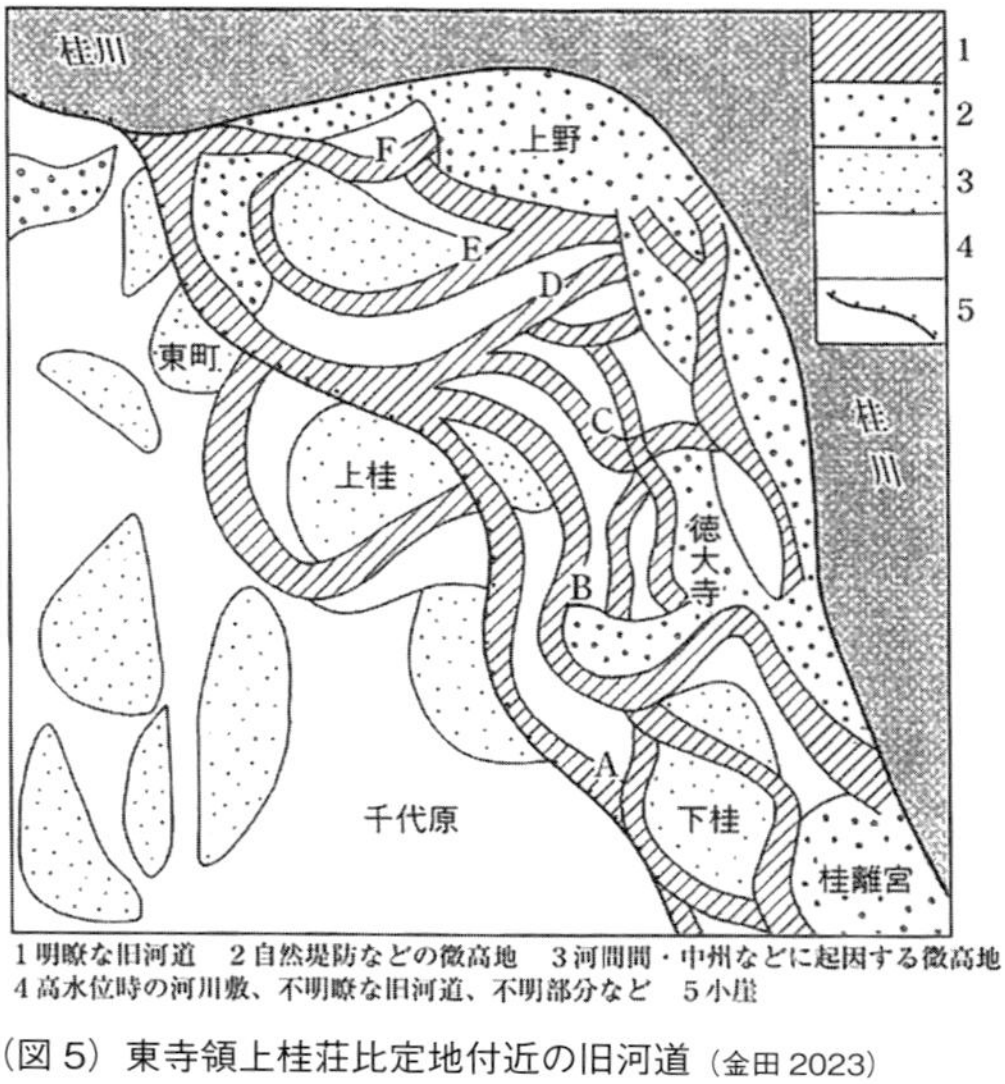

1 明瞭な旧河道　2 自然堤防などの微高地　3 河間間・中州などに起因する微高地
4 高水位時の河川敷、不明瞭な旧河道、不明部分など　5 小崖

（図5）東寺領上桂荘比定地付近の旧河道（金田 2023）

桂川下流域の河道復元

史料が少ない桂川下流域のような地域の旧河道の位置を推定する方法として、先述のような空中写真や

地形図などを用いた微地形復元のほかに、地質ボーリングと発掘調査の成果を用いて地中を直接調べる方法がある。

桂川が貫流する京都盆地南部は、河川や池沼によって形成された標高一〇メートルから一五メートルの低平な沖積地が広がり、桂川などの河川や自然堤防などが分布する（図2）。この沖積地の表層地質は、地表面から厚さ六メートルから一五メートルにわたって現在から約一万年前までに堆積したシルト層や砂層、軟弱な砂礫層で構成された地層（完新統）と、その下位に約一万年よりも古い時代に堆積した強固な砂礫層で構成された地層（更新統）に区分できる（図6、石井 一九七六、藤原 一九八二）。これらの地層を構成する堆積物が何処から、何が原因となって堆積したのか、完新統・更新統ともに未だ不明な点が多い。しかし、約五〇〇か所におよぶ地質ボーリングデータの解析によって完新統の軟弱な砂礫層が地中で尾根状・谷状の起伏を形成することが明らかとなっており、特に起伏の尾根部をなす、帯状に分布する砂礫層（砂礫帯）は、昔の河道（旧河道）であった可能性が指摘されている（中塚 二〇二〇）。

図7は、先の研究をふまえて今回新たに一八一五か所の地質ボーリングと発掘調査によって得られた地質柱状図から作成した、地中に分布する砂礫層上面の標高を表示した図である。色が明るくなるほど砂礫層の標高が高い場所、すなわち地下の浅いところで砂礫が分布する場所であり、逆に色が暗くなるほど砂礫層の標高が低くなる場所、すなわち地下深いところに砂礫が分布するため、シルト・砂層が厚く堆積する場所

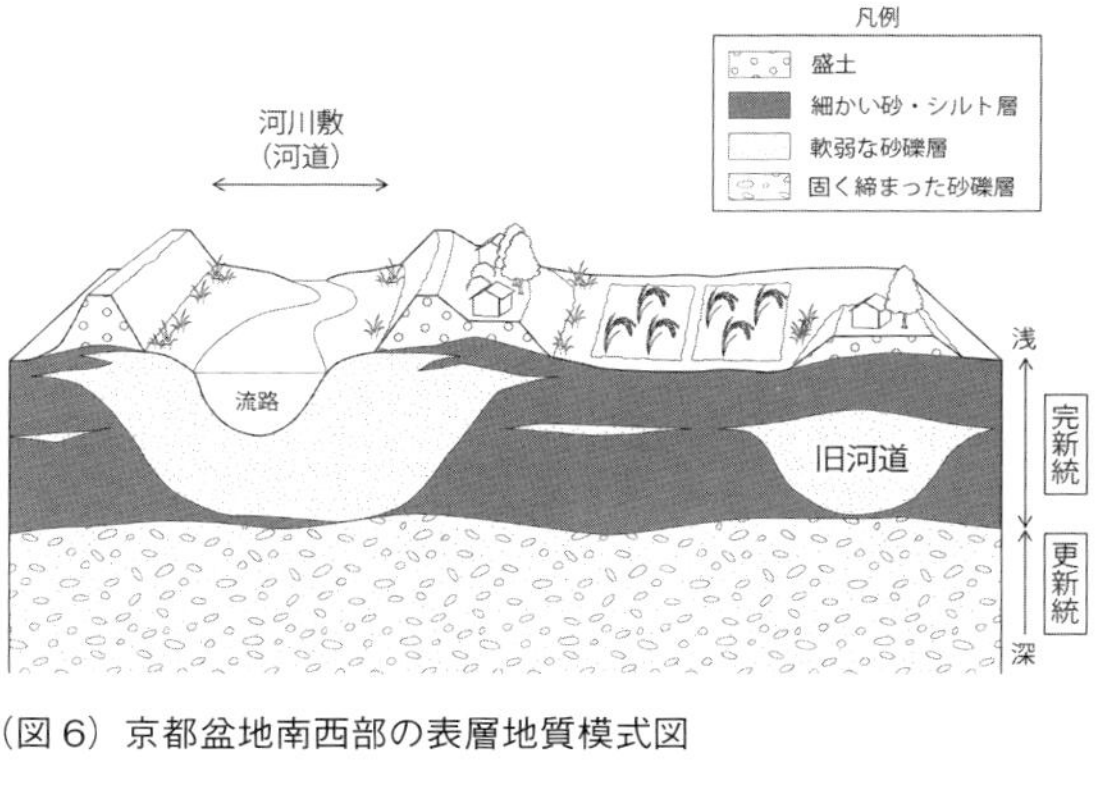

（図6）京都盆地南西部の表層地質模式図

となる。このうち、帯状に伸びる色の明るい部分が、地下の浅い場所で帯状に砂礫が分布する砂礫帯、すなわち旧河道の可能性が高い場所である。

同図の羽束師《はづかし》から下鳥羽以南では砂礫層の起伏が大きく、複数の地点で旧河道の可能性が高い砂礫帯を確認できる。この砂礫帯と旧河道の関係について、まずは史料から河道の変遷が明らかとなっている木津川下流域で検証しよう。

図8ⓐは、木津川下流域に位置する八幡市と久御山町周辺の沖積地における砂礫層の分布である。これを現在の地図と重ねると（図8ⓑ）、下津屋周辺から男山丘陵北山麓に向かって西北西方向に分布する砂礫帯Aと、同じく下津屋周辺から生津《なまづ》を経由し淀城の南に位置する淀新町方面へと向かって北西方向に分布する砂礫帯Bを読み取ることができる。

このうち西北西方向の砂礫帯Aは、現在の木津川の河道と一致する。木津川改修工事が行われた明治三年以後の河道が運搬した砂礫の分布と考え

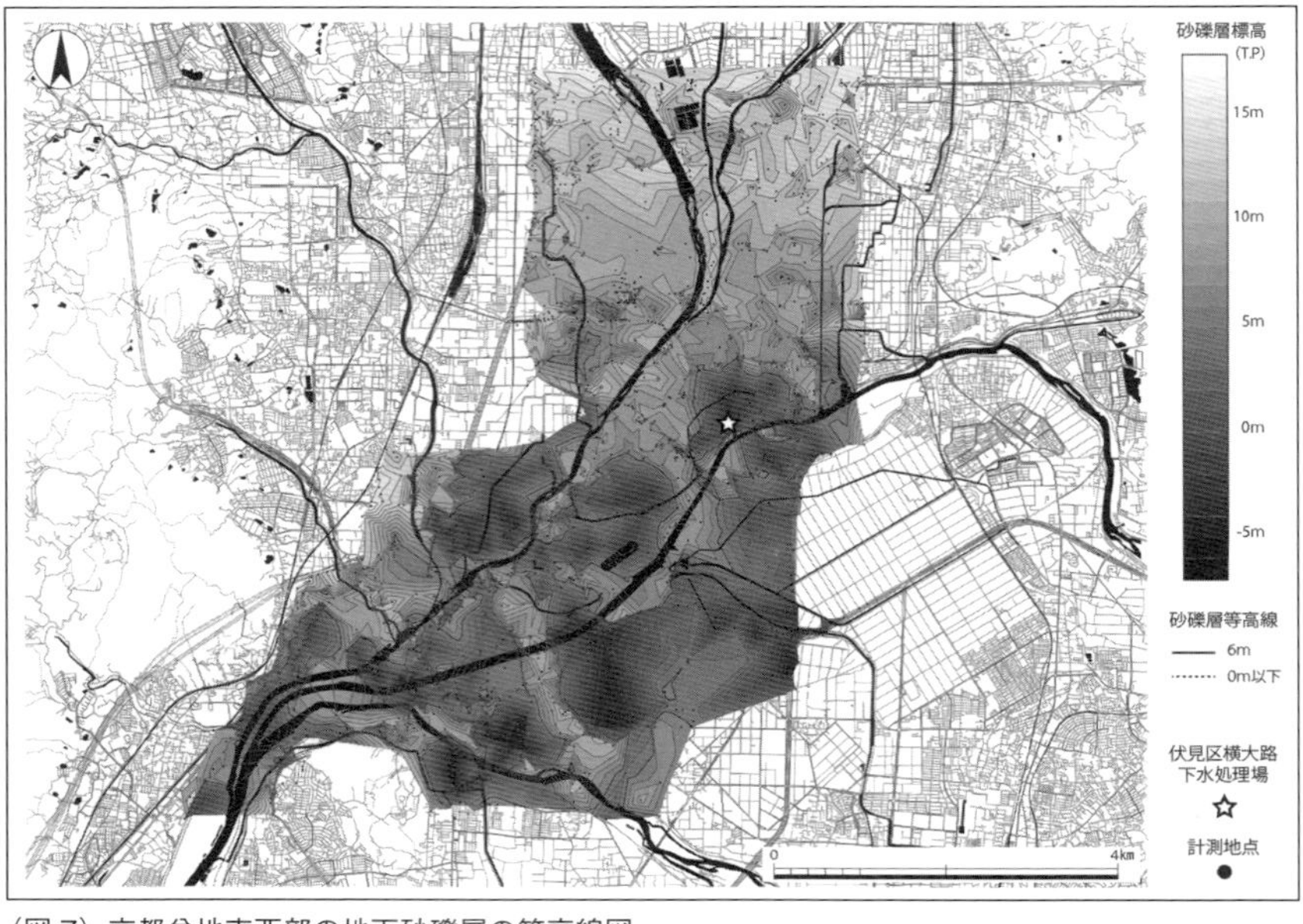

（図7）京都盆地南西部の地下砂礫層の等高線図

（a）地下の砂礫分布（凡例は図７参照）

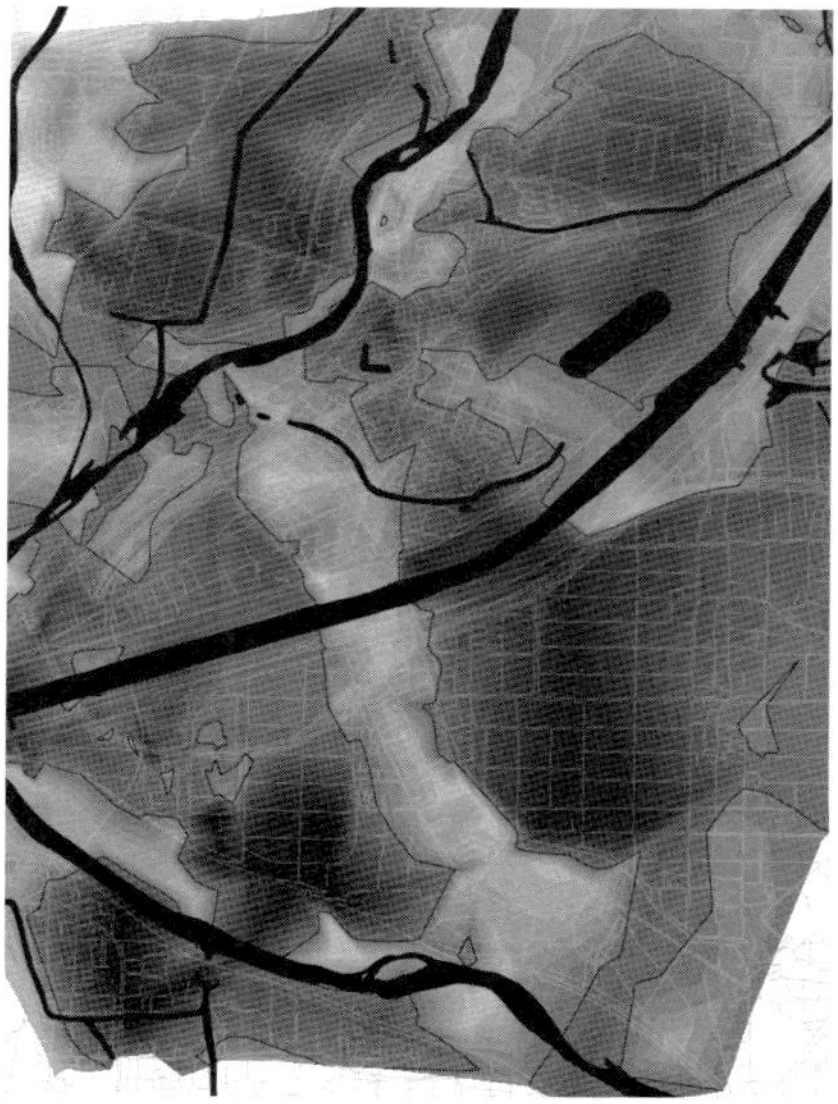

（b）砂礫帯の位置

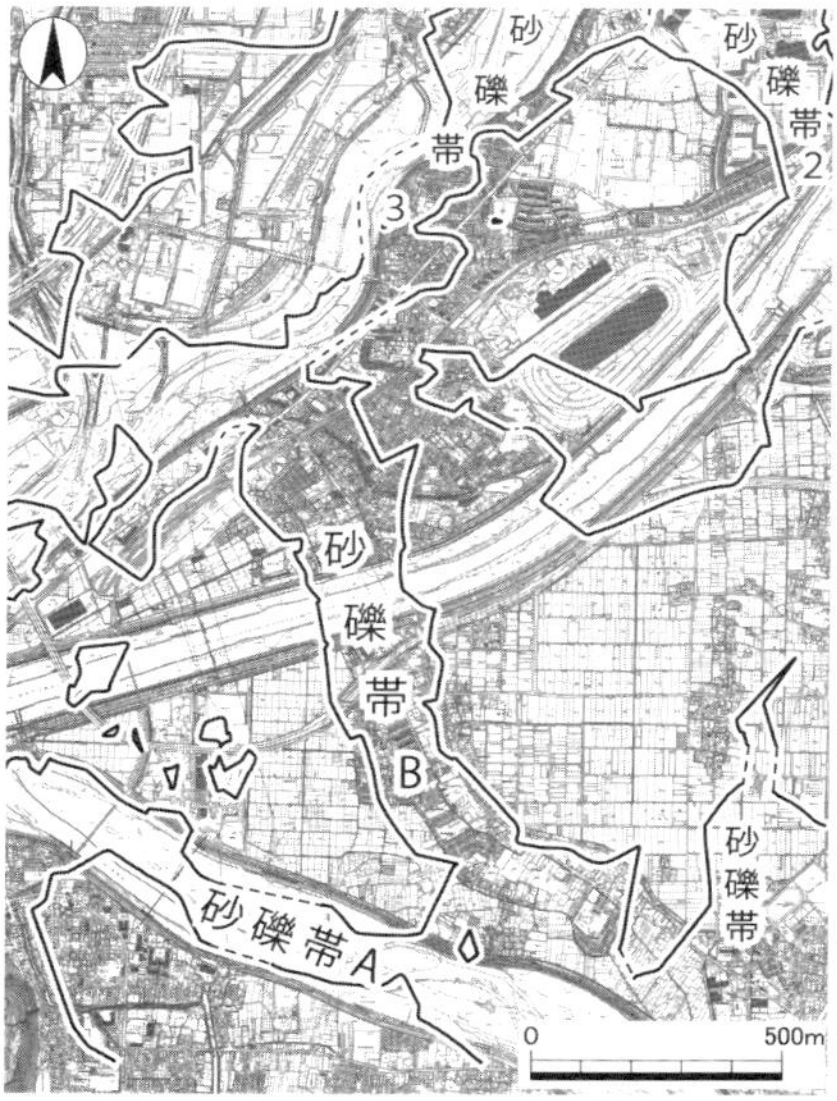

（c）下流域の土地境界（1948年米軍撮影）

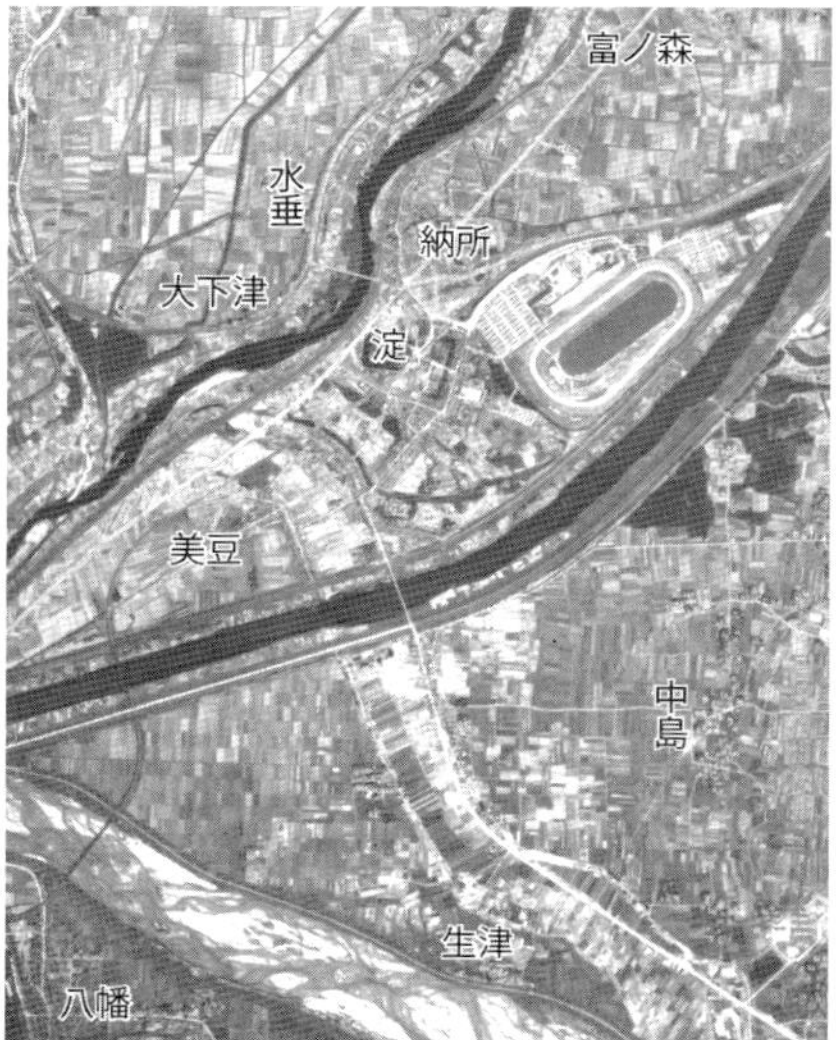

（d）明治元年の木津川河道（吉田 1962）

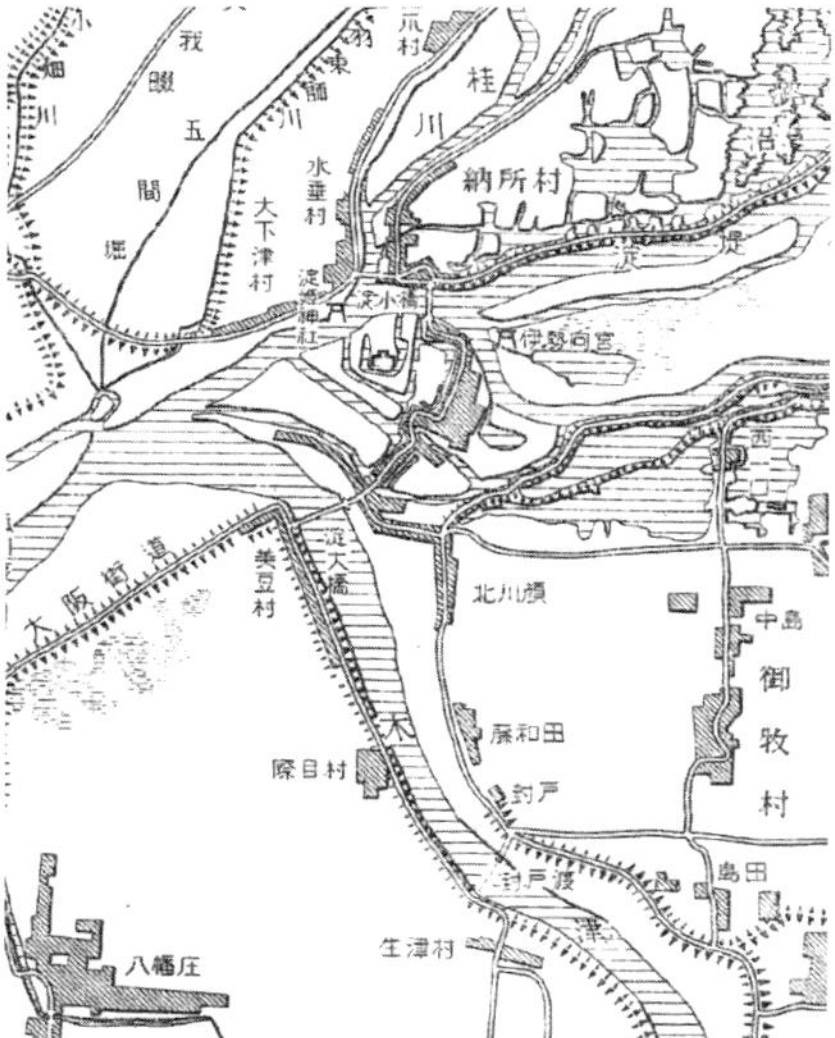

（図８）木津川下流域の砂礫帯と旧河道

られる。一方、北西方向の砂礫帯Bは、現在もなお土地境界に痕跡が残る、明治時代の木津川改修工事前の木津川河道と一致する（図８ⓒ・ⓓ）。改修工事後の河床には人為的に盛土されているものの、少なくとも江戸時代の寛永期にまで遡る河道と考えることができる。なお、砂礫帯Bの東には北に向かって伸びる

(a) 地下の砂礫分布（凡例は図７参照）

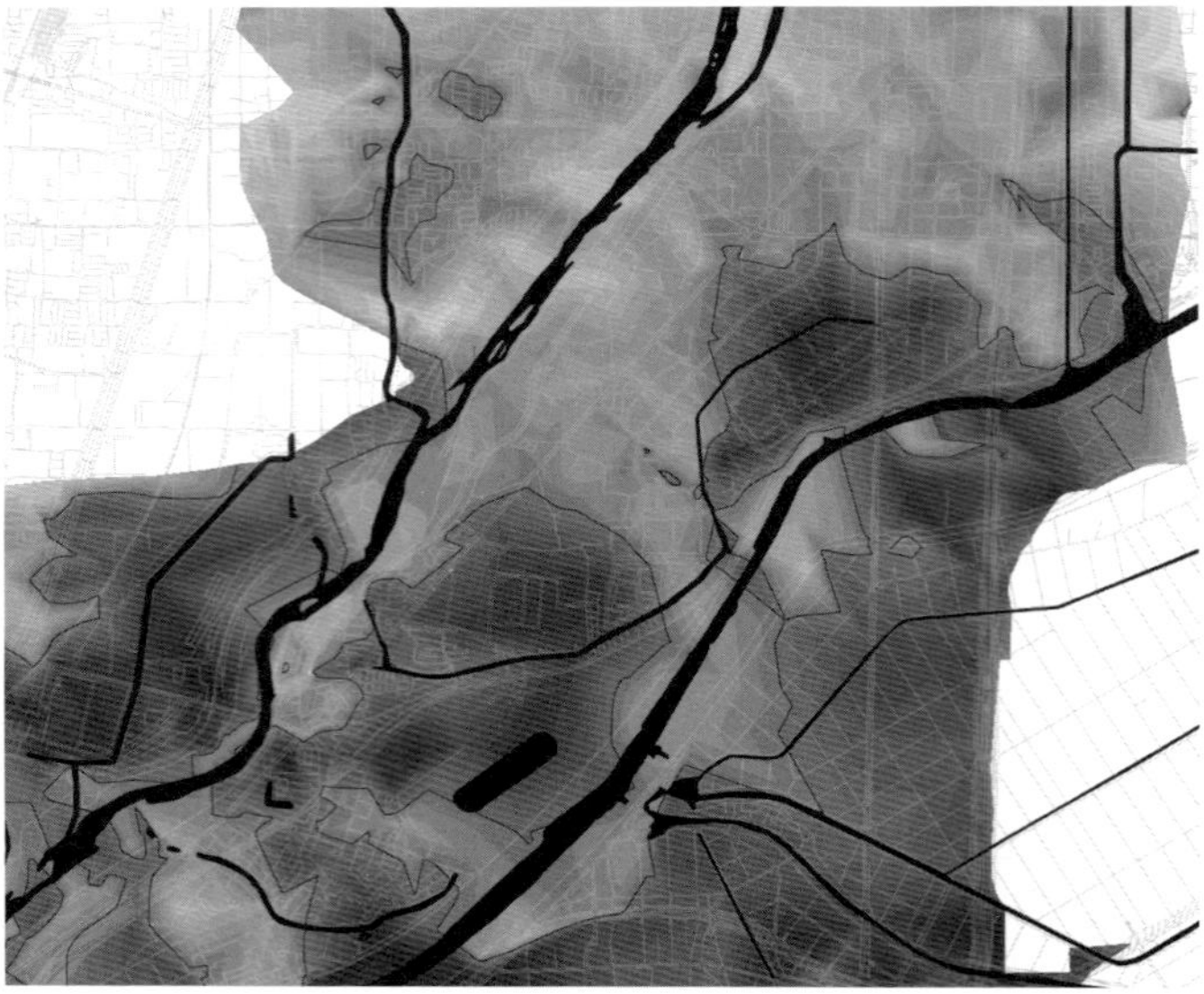

(b) 砂礫帯と調査遺跡の位置

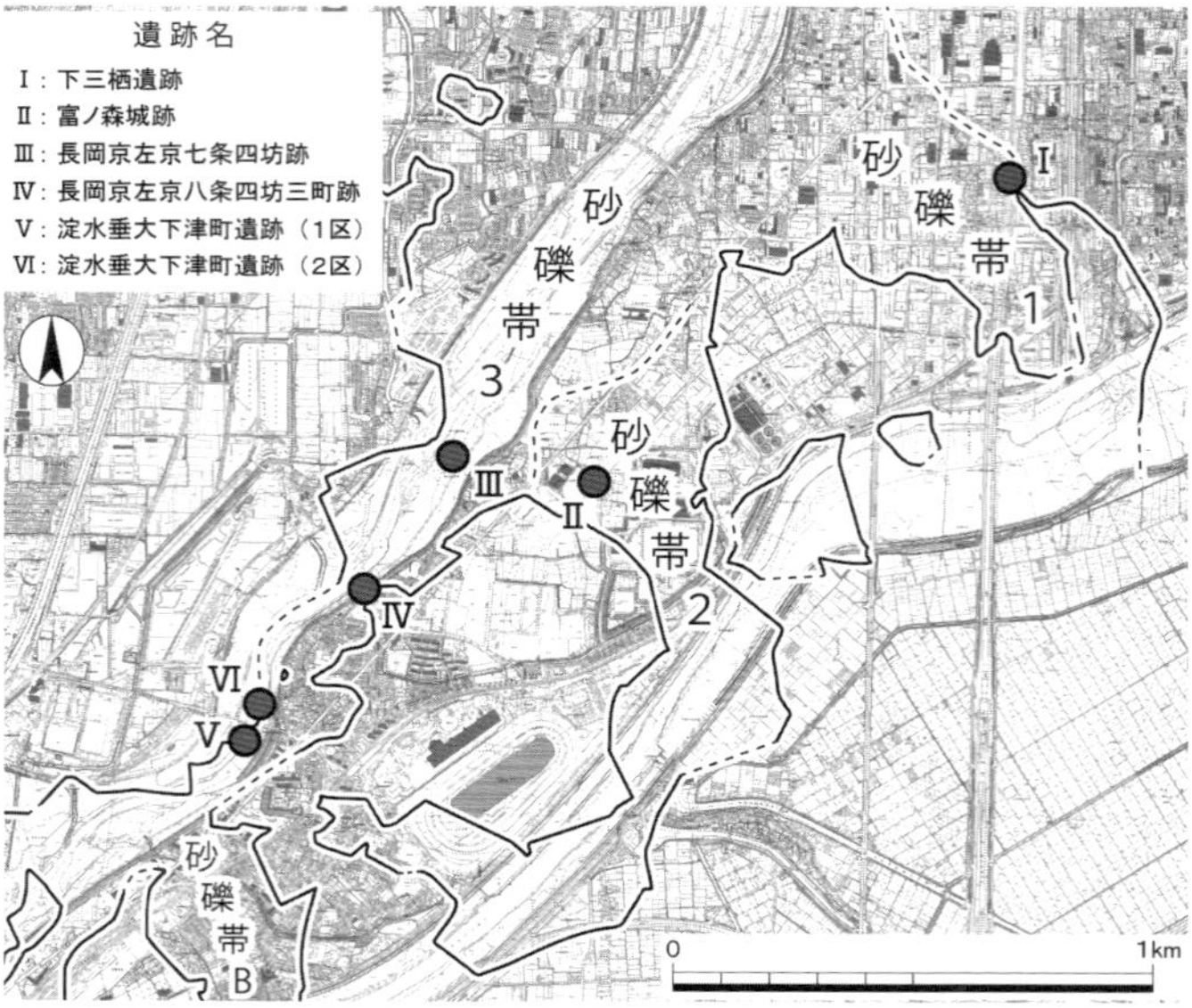

（図９）桂川下流域の砂礫帯と旧河道

砂礫帯も確認できる。この場所には旧河道が想定されており、砂礫帯Bよりも古い河道となる可能性がある（大矢 二〇〇六）。先行研究が示すように、地中の砂礫層の分布状況から旧河道の位置を推定する手法は、上流から運搬される砕屑物《さいせつぶつ》の性質に因るところも大きいであろうが、一定有効といえるだろう。

これをふまえて桂川下流域にあたる横大路から淀周辺の沖積地を検討すると、旧河道とおぼしい砂礫帯を複数箇所で確認できる（図9）。ここでは、発掘調査成果によって時期をきめることができる、横大路周辺に分布する砂礫帯1、富ノ森周辺に分布する砂礫帯2、横大路から淀にかけての桂川河道に沿って分布する砂礫帯3について述べる。なお、分析の詳細は京都府立京都学・歴彩館発行の『令和五年度 京都府域の文化資源に関する共同研究会報告書（洛南編）』の筆者報告を参照されたい。

砂礫帯1　横大路周辺で確認した、北西方向から南東方向に向かって帯状に分布する砂礫層である。砂礫帯上にはわずかな地形の高まりが形成されており、三栖《みす》の集落が立地する自然堤防が南北に点在する。集落名に残る三栖の地は、古くから院家や公家、寺社の荘園や所領として貴顕の経済基盤となった場所として著名であり、史料では嘉禄元年（一二二五）『安楽寿院公文所下文』にある「上三栖庄」を初出とする。

伏見区横大路下三栖辻堂町から同下三栖里ノ内の油小路通の共同溝を敷設する工事を契機として、平成五年（一九九三）から平成一一年（一九九九）にかけて下三栖《しもみす》遺跡の試掘・発掘調査が実施された（図9－Ⅰ地点）。調査では、周囲を溝や柵で囲んだ敷地内に数棟の掘立柱建物と井戸、墓を配した平安時代後期から鎌倉時代後期の屋敷地が発見されたほか、紀伊郡条里の坪境と一致する溝が検出された。報告者は鎌倉時代の『大徳寺文書』に記載がある下三栖荘の一画と評価している（桜井 一九九八）。しかし右の調査では、詳細な荘園経営の実態を現在に伝える『実隆公記』で記された室町時代の集落遺構はほとんど確認できず、当時は耕作地として土地利用されていたと推定されている（南出ほか 二〇〇〇）。なおその頃の集落は遺跡に隣接する下三栖城周辺に移動した可能性があるが、数度にわたる調査でも厚い江戸時代以降の盛土に阻まれ、いまだ発見には至っていない。

　このように、調査では平安時代後期から鎌倉時代の遺構がもっとも濃密に確認されたが、他にも飛鳥・奈良時代の竪穴建物や掘立柱建物、古墳時代後期の竪穴建物、古墳時代中期の溝が発見された（図10）。調査地における人間活動の痕跡が確認できる古墳時代中期頃には、遺跡周辺が居住地として土地利用できるほど安定した地形が形成されていたとみられる。

　砂礫帯1を構成する砂礫層は、古墳時代の地盤である粘土層の下、標高約九メートル付近で確認された（図11）。地質学的な検討を経たものではないが、報告ではこれら砂礫を河床堆積物と想定している（加納ほか 二〇二二）。また、この砂礫層からは上流から流されてきたであろう古墳時代前期以前の土器が出土した。これら発掘成果から、砂礫帯1は古墳時代前期以前にはまだ流水がある河道であったが、その後この河道が埋没して古墳時代中期頃までに集落が立地する微高地が形成されたと推定できる。

　砂礫帯2　横大路から富ノ森周辺で確認した、北西方向から南東方向に向かって帯状に分布する砂礫層である。この砂礫帯上にはかつての富ノ森集落が立地していたが、江戸時代後期以後に周辺が湿地化す

（図10）下三栖遺跡でみつかった古墳時代後期の竪穴建物（京都市埋蔵文化財研究所提供）

（図11）下三栖遺跡下層の砂礫層（砂礫帯1）堆積状況（京都市埋蔵文化財研究所提供）

るに至り、昭和の初め頃までには住民の多くが桂川東岸の堤防沿いにある現集落などに移住した。地名の富ノ森（富森）が史料に現れるのは、平安時代後期以後のことである。『山槐記《さんかいき》』の中山忠親が平安京と福原を往復する際に富ノ森を通過した記事を初出とする。室町時代後期の「明徳記」（『群書類従』合戦部）では、深田が広がり軍勢の移動に不向きな地として登場するほか、『管見記』や『実隆公記』には西園寺家や三条西家の荘園として、その名を認めることができる。

京都市伏見区横大路六反畑から北ノ口地内で実施された都市計画道路（横大路淀線）の整備工事に伴い、令和二年（二〇二〇）から富ノ森城跡の発掘調査が実施されている（図9－Ⅱ地点）。これまでの調査では、平安時代後期の溝や、周囲を溝と柵で囲んだ敷地内に掘立柱建物を配した鎌倉時代から安土桃山時代の集落が発見された（図12）。史料にある荘園との関連が注目される一方、遺跡名の由来となった富ノ森城の存在を立証する遺構はまだ確認できていない（中谷ほか 二〇二二、山下 一九九六）。

調査では、遺跡の歴史的な環境変化についても検討された。その結果、鎌倉時代は標高約九メートルにあった当時の地面から、地下に三メートル掘り下げた井戸によって地下水を得る必要があるほど乾燥した環境であった（図13）。それが室町時代になると、生活の場を安定させるため集落内を高く造成するとともに、敷地を囲む溝を大規模化させ、さらにタニシなど

（図12）富ノ森城跡の溝で区画された屋敷地の一画（京都市埋蔵文化財研究所提供）

（図13）砂礫帯２を掘り下げて作られた鎌倉時代の井戸（京都市埋蔵文化財研究所提供）

の淡水産貝類を大量に食用加工して食性に組み込むなど、集落構造や生活様式を湿地環境に適応させたことが明らかとなった（辻 二〇二一）。

砂礫帯2を構成する砂礫層は、鎌倉時代の地盤となるシルト層の下、標高約八・五メートル付近で確認された。自然科学分析の結果、これら砂礫は堆積岩類を主体とした深成岩類を伴う河床堆積物であり、含まれる鉱物を含めて現在の桂川河床で採取できる砂礫とほぼ一致する組成を示した（藤根ほか 二〇二四）。この砂礫層からは、上流から流されてきたと考えられる縄文時代晩期から奈良時代の土器が出土した。

砂礫層の直上に堆積するシルト層の形成時期も分析された。シルト層に含まれる炭化物の放射性炭素年代を測定したところ、七七二 calAD～七九三 calAD（一五・六％）、八〇〇 calAD～八九九 calAD（六五・〇％）、九二〇 calAD～九五六 calAD（一四・八％）の年代値を得た（小野 二〇二三）。測定値の年代幅を考慮に入れても、遺跡周辺では平安時代前期から中期頃には陸地化が進み、平安時代後期には人々が活動できる環境が整っていたことがわかる。

これらの成果は、砂礫帯2が平安時代前期から中期以前の桂川河道であることを示すものである。河道が埋没した平安時代後期以後、微高地化した旧河道上に集落が形成された。また、調査地が陸地化した当初は比較的乾燥した環境にあったが、室町時代以降は遺跡周辺で湿地化が進んだと考えられる。調査地一帯が陸地化する平安時代後期から富ノ森が史料で確認できること、さらに室町時代後期の史料に残された山名氏の軍勢を阻んだとされる深田が広がる景観は、考古学的な成果と矛盾しない。

砂礫帯3　現在の横大路から淀にかけて南流する桂川河道に沿って帯状に分布する砂礫層である。分布状況から桂川由来の砂礫層と推測できる。これまで砂礫帯3が分布する桂川河川敷では、治水対策を目的とした河道掘削工事に伴う発掘調査や、堤防・水門の修繕に伴う試掘調査が複数回実施されている。

そのひとつが京都市伏見区横大路南島地内に位置する長岡京左京七条四坊跡の発掘調査である（図9－Ⅲ地点）。調査では、近世の石出しと、砂礫帯3を構成する中世から近世の砂礫層が確認された（図14）。中世から近世の砂礫層の堆積状況は、時代が新しくなるにつれて、南北流する河道が徐々に西へと移動しており、現在の桂川河道よりも東に中世以前の河道が位置したと考えられている（鈴木 二〇二四）。

もうひとつの調査は、京都市伏見区淀水垂町地内の桂川河川敷で実施された淀水垂大下《よどみずたれおおしも》津《づ》町《ちょう》遺跡の発掘調査である（図9－Ⅴ・Ⅵ地点）。調査の結果、弥生時代から明治時代に至る遺構・遺物が良好に遺存することが判明した（図15）。令和六年現在も調査が進められており、遺跡の評価はまだ未確定の部分があるものの、江戸時代以降の桂川護岸や、幅五メートルから六メートル、深さ約二メートルに及ぶ大溝によって区画された室町時代後期の屋敷地、そして弥生時代中期から古墳時代初頭の集落の発見は、この地域の歴史を考える上で特筆すべき成果である（松永ほか 二〇二三）。

この遺跡は淀津の推定地にあたる桂川西岸の河川敷に立地する（図1）。淀（与等）津は西国や近隣諸国から平安京・京都に運び込まれる税物《ぜいぶつ》や塩・木材の荷揚げ港として栄えた河港である。中世には問丸《といまる》と呼ばれる流通業者が活躍し、『大乗院寺社雑事記』に「千間（軒）在所」と記されるほど、貨物類を納める倉庫などの建物が軒を連ねたとされる。近世には荷揚げ港とし

（図14）長岡京左京七条四坊跡の砂礫層（砂礫帯3）堆積状況（京都市埋蔵文化財研究所提供）

（図15）北から見た宮前橋北（2区）の遺構群。奥が宮前橋（京都市埋蔵文化財研究所提供）

ての機能を伏見港に譲り、淀藩の城外町へと変貌を遂げたものの、淀川水運を担う淀船の拠点かつ京・伏見街道の結節点として近代まで水陸交通の要であった。

砂礫帯3を構成する砂礫層は、宮前橋の南に設定された1区（図9－V地点）で確認された（図16）。砂礫層は斜交層理《しゃこうそうり》をなす堆積構造を持ち、砂礫の組成は深成岩類を伴う堆積岩類と、磁鉄鉱・角閃石・輝石類やジルコンなどの鉱物を含む。砂礫帯2と同様、現在の桂川河床で採取できる砂礫の特徴と一致する（藤根 二〇二三）。

砂礫層からは、上流から流されてきたと考えられる鎌倉時代の土器が多数出土した。さらに、砂礫層の直上に堆積するシルト層で成立する遺構の放射性炭素年代を測定したところ、一四四〇 calAD～一四九〇 calAD（九四・七二％）、一六〇四 calAD～一六〇七 calAD（〇・七三％）の年代値を得た（伊藤ほか 二〇二三）。1区は鎌倉時代頃には桂川の河道であったが、室町時代後半までに河道は埋没して陸地化していたと考えられる。

一方で、1区からわずか約四〇メートル北にある2区（図9－Ⅵ地点）の堆積状況はまったく異なる。砂礫の堆積は桂川の護岸が構築される江戸時代前期までは認められず、厚さ一メートル以上の江戸時代から室町時代の造成土の下に、少なくとも縄文時代後期頃から鎌倉時代までに堆積した厚さ三メートルを超えるシルト層が確認された。このシルト層は極めて微細な砕屑物によって構成されており、礫はまったく含まれていない。同様の堆積状況は、対岸の長岡京左京八条四坊三町跡の立会調査（図9－Ⅳ地点）でも確認されており、ここでは飛鳥時代の竪穴建物が確認された（吉本 二〇〇九）。

（図16）宮前橋南（1区）の砂礫層（砂礫帯3）堆積状況（京都市埋蔵文化財研究所提供）

一般的に、河川の氾濫時に濁流が低地へと流れ込む際、河道に近い場所には礫など大きな砕屑物、遠い場所にはシルトのような微細な砕屑物が堆積する。この厚さ三メートルを超えるシルト層は、礫を供給できる大きな河川から遠く離れた場所で堆積したものということになる。

つまり、ここ淀水垂大下津町遺跡から対岸の長岡京左京八条四坊三町跡にかけては、鎌倉時代までは近傍に礫を供給できる大きな河川があったとは考えにくい。いずれ砂礫帯3となる河道が鎌倉時代以後に調査区周辺まで移動してきたことによって、遺跡に大きな環境変化が生じたと想定できるのである。

おわりに

京都盆地南西部に位置する淀周辺の河道変遷について、先の研究を振り返るとともに、発掘事例がある一方で、史料の空白が目立つ桂川下流域に主な焦点をあてて検討を行った。その結果、地中の浅い場所で帯状に分布する軟弱な砂礫層（砂礫帯）が、かつて河道があった場所（旧河道）を示す事例が多いことを再確認した。

そして、この結果をうけて桂川下流域に分布する砂礫帯を分析した結果、横大路周辺に位置する砂礫帯1が古墳時代前期以前の河道、富ノ森周辺に位置する砂礫帯2が平安時代前期から中期以前の河道、横大路から淀周辺の桂川沿いに分布する砂礫帯3が鎌倉時代以前から現代にかけての河道と推定した。これら河道が併存する可能性については今後の研究にゆだねたいが、基本的に桂川下流域の河道は、砂礫帯1（古墳時代前期以前）→砂礫帯2（平安時代前期から中期以前）→砂礫帯3（鎌倉時代以前から現在）と、時代が新しくなるにつれて徐々に南西方向へ遷移する傾向を読み取ることができる（図17）。

　また砂礫帯2・3は、砂礫帯が延伸する方向や砂礫の特徴から、桂川の旧河道と考えた。対して砂礫帯1については、砂礫帯の延伸方向から判断すると、桂川もしくは鴨川の旧河道となる可能性が指摘できる。蛇行して南流する当時の桂川から、南西方向に向かってやや直線的に流れる河道への変化を捉えられよう。

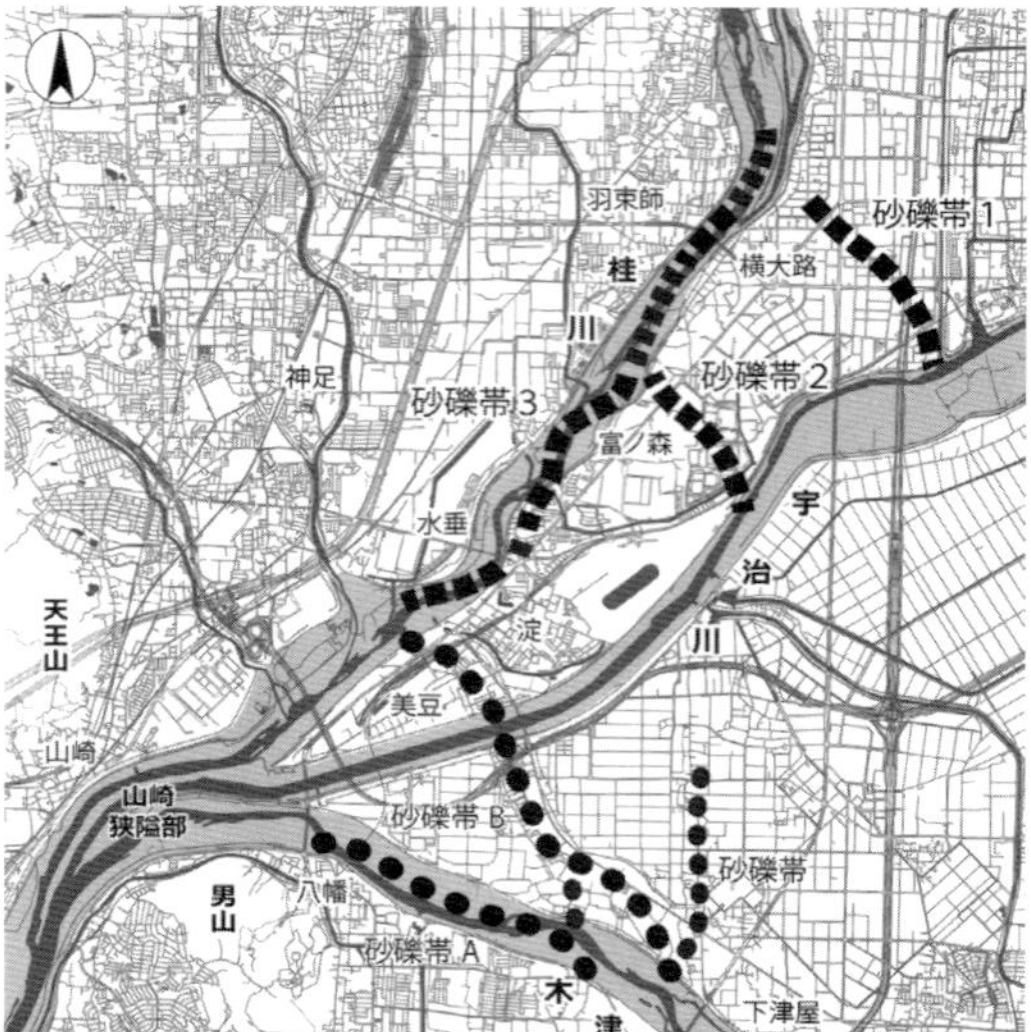

（図17）今回の分析で河道・旧河道跡と推定した砂礫帯

　さて、今回の地質ボーリングと考古学的成果を用いた分析結果は、古墳時代から中世にかけての桂川下流域の河道や景観の変化について、一定明らかにできたと考える。しかし、発掘調査による知見がないために、分析ができなかった砂礫帯もあるほか、今回の分析結果と史料に残る古跡との照合や、これまでの研究によって復元されてきた空間モデルとの比較検討について、ここで触れることはできなかった。今後の課題としたい。

付記：本稿は関西圏地盤情報データベースの成果を利用したものである。

参考文献

◎足利健亮ほか　一九七四「宇治川の治水」林家辰三郎・藤岡謙二郎編『宇治市史二　中世の歴史と景観』宇治市役所

◎石田志朗　一九七六「近畿地区　京都」『基礎工　特集：主要都市及びその周辺部の地盤特性と基礎工法（その１・西日本編）』四号十二月号　総合土木研究所

◎伊藤茂・加藤和浩・廣田正史・佐藤正教・山形秀樹・Zaur Lomtatidze・辻康男　二〇二三「放射性炭素年代測定」『長岡京跡・淀水垂大下津町遺跡』京都市埋蔵文化財研究所発掘調査報告二〇二一－十六　公益財団法人京都市埋蔵文化財研究所

◎大村拓生　二〇二四「中世淀をめぐる交通と流通」『ヒストリア』第三〇二号　大阪歴史学会

◎大矢雅彦　二〇〇六『河道変遷の地理学』古今書院

◎岡部精一　一九一三「淀附近の歴史地理」『歴史地理』第二二巻第五号　日本歴史地理學會

◎小野映介　二〇二二「富ノ森城跡において確認された噴砂について」『富ノ森城跡』京都市埋蔵文化財研究所発掘調査報告二〇二一－八　公益財団法人京都市埋蔵文化財研究所

◎片平博文　二〇一三「平安京・京都の洪水と旱魃―史料分析を中心としたアプローチ―」『テキスト　文化遺産防災学』立命館大学「テキスト文化遺産防災学」刊行委員会　学芸出版社

◎加納敬二・近藤章子　二〇〇二「下三栖遺跡」『平成十一年度　京都市埋蔵文化財調査概要』財団法人京都市埋蔵文化財研究所

◎金田章裕　二〇二三「洛西を貫流する桂川」京都学研究会編『京都を学ぶ【洛西編】―文化資源を発掘する―』ナカニシヤ出版

◎古閑正浩　二〇二四「淀周辺の渡河点と造寺」『ヒストリア』第三〇二号　大阪歴史学会

◎国土交通省国土政策局国土情報課　二〇一四『人工地形及び自然地形分類図　京都南部（五万分の一）』

◎小林大祐　一九九四「近世淀城下町」西川幸治編『淀の歴史と文化』淀観光協会

◎桜井みどり　一九九八「下三栖遺跡」『平成八年度　京都市埋蔵文化財調査概要』財団法人京都市埋蔵文化財研究所

◎鈴木久史　二〇二四『長岡京左京七条四坊跡』京都市文化財保護課発掘調査報告二〇二三－二　京都市文化市民局

◎谷岡武雄　一九七三「巨椋池周辺の開拓」林家辰三郎・藤岡謙二郎編『宇治市史一　古代の歴史と景観』宇治市役所

◎田良島哲　一九八五「中世淀津と石清水神人」『史林』第六八巻第四号　史学研究会
◎辻康男　二〇二一「層相分析」『富ノ森城跡』京都市埋蔵文化財研究所発掘調査報告二〇二〇－六　公益財団法人京都市埋蔵文化財研究所
◎中谷正和・伊藤潔・南孝雄　二〇二二『富ノ森城跡』京都市埋蔵文化財研究所発掘調査報告二〇二一－八　公益財団法人京都市埋蔵文化財研究所
◎中塚良　二〇二〇「水辺の遺跡の自然地理学的研究―京都盆地中北西部低地の変動と弥生時代地震履歴―」『立命館文學』第六七二号 河島一仁教授退職記念論集　立命館大学人文学会
◎藤根久　二〇二三「鉱物分析」『長岡京跡・淀水垂大下津町遺跡』京都市埋蔵文化財研究所発掘調査報告二〇二一－十六　公益財団法人京都市埋蔵文化財研究所
◎藤根久・米田恭子・高木康裕　二〇二四「基盤層（Ⅸb層）堆積物の鉱物・砂粒分析」『富ノ森城跡』京都市埋蔵文化財研究所発掘調査報告二〇二三－二　公益財団法人京都市埋蔵文化財研究所
◎藤原重彦　一九八二「京都市の地盤について」『応用地質学の最近の研究』日本応用地質学会関西支部
◎松永修平・柏田有香・中谷正和　二〇二三『長岡京跡・淀水垂大下津町遺跡』京都市埋蔵文化財研究所発掘調査報告二〇二一－十六　公益財団法人京都市埋蔵文化財研究所
◎南出俊彦・小森俊寛　二〇〇〇「下三栖遺跡」『平成一〇年度　京都市埋蔵文化財調査概要』　財団法人京都市埋蔵文化財研究所
◎山下正男　一九九六「京都市内およびその近辺の中世城郭 復原図と関連資料」『京都大学人文科学研究所調査報告』第三五号　京都大学人文科学研究所
◎吉田敬市　一九六二「巨椋池の文化」『巨椋池干拓誌』　巨椋池土地改良区
◎吉本健吾　二〇〇九「長岡京左京八条四坊三町（07NG87）」『京都市内遺跡立会調査報告』平成二〇年度　京都市民文化局

考古学からみた洛南地域の遠隔地地域間交流

小池　寛

はじめに

八幡《やわた》市は、石清水八幡宮が位置する標高一二〇メートルを測る丘陵部とその南東域の標高約一一メートルに広がる平野部からなる。平野部に所在する内里八丁遺跡では、弥生時代から古墳時代の水田跡が確認されており、今日に至っても稲作が連綿と引き継がれている。その背景には桂川・宇治川・木津川の合流により肥沃な土壌が形成されたことと関係している。しかし、河川は、単に肥沃な土壌を形成するだけではなく、水運としての機能も忘れてはならない。桂川は、丹波から人口集中域の乙訓地域を経由して八幡市域に流入する。また、鴨川は、平安京左京域を南流し、琵琶湖から流れる宇治川と合流し八幡市域に至っている。一方、木津川は、南山城盆地から巨椋《おぐら》池に流れ込み、八幡市域に至る。これらの河川が合流する八幡市は、常に人々の往来があり、様々な文化や物資が行き交う地域として大いに発達するとともに、多様な文化が育まれた地域でもある。

一方、水運も重要なルートではあるが、陸路も重要である。清和天皇は、貞観《じょうがん》二年（八六〇）に交通の要衝地である男山に石清水八幡宮を造営し、国家鎮護社として天皇の行幸や上皇の御幸が頻繁に行われた。平安京の都市文化が直接的に八幡に流入する契機にもなった。また、石清水八幡宮が所在する男山丘陵の南西部は、交野《かたの》台地や枚方《ひらかた》丘陵などの北河内地域と連接し、南東部は木津川市から京田辺市に至る南山城地域と連接している。実にさまざまな地域間交流があったことが想像できる。このように八幡市域は、まさに、交易の渦中に所在したといっても過言ではないのである。

ここでは、新発見が相次ぐ考古資料を中心に八幡市域の交流や交易についてみていきたい。

考古学からみた八幡市域の地域間交流

●旧石器時代・縄文時代

八幡市八幡に所在する金右衛門垣内《きんうえもんがいと》遺跡では、数点のナイフ形石器が表面採集されている。石材は奈良大阪間に所在する二上山で産出するサヌカイトである。また、同遺跡では、縄文時代草創期の有舌尖頭器《ゆうぜつせんとうき》も確認されている。京都府内では、旧石器時代のナイフ形石器が後世の遺物に交じって出土することはあったが、近年、京丹後市上野遺跡や福知山市稚児野《ちごの》遺跡で後期旧石器時代の石器製作遺跡が相次いで確認された。今後、金右衛門垣内遺跡においても良好な状態で旧石器時代や縄文時代の遺構や遺物が発見される可能性がある。

●弥生時代

弥生時代は、朝鮮半島から北部九州に稲作文化が伝播し、稲作文化の地域伝播による交流が盛んに行われた時代である。また、近年、「酸素同位体比の年輪年代法」により、急激な気候変動が復元されるに至っており、それに起因する人口減少や農業生産力の減少、そして、人々の集団移動などが想定されている。弥生時代における稲作の大陸からの伝播や国内における集落の消長変化を捉えるうえで気候変動は重要な要素である。

ここでは、八幡市域における弥生時代の地域間交流の実態についてみておきたい。

竪穴住居の屋外排水溝

降雨などによって竪穴住居内で生じる悪水を屋外に排水する屋外排水溝の起源は、朝鮮半島の原三国時代後期の韓国光州大支洞上村・鴨村洞大村・支石洞大村遺蹟（全南文化財研究院 二〇二一）などにおいて確認されている。かつて弥生時代の環濠集落や方形周溝墓は、日本固有と考えられてきたが、朝鮮半島での検出例が増加し、それらが大陸起源であることが指摘されている。

弥生時代後期の美濃山遺跡では、円形・方形・多角形の竪穴住居跡を一七基検出しており、すべての竪穴住居跡に屋外排水溝（図1、小池寛・増田孝彦・川上晃生 二〇二二）が付設されている。住居ごとに排水溝の長さに

（図1）美濃山遺跡の屋外排水溝

は違いがあるが、五〇メートルを超す屋外排水溝も確認されている。八幡市域においては、宮ノ背遺跡などにおいても屋外排水溝が確認されており、八幡市域の弥生時代後期の集落遺跡に共通する施設である。

一方、美濃山遺跡が所在する男山丘陵に連接する枚方市ごんぼう山遺跡、星丘西《ほしがおかにし》遺跡、田口山遺跡、茄《な》子作《すづくり》遺跡、藤阪東遺跡、鷹塚山遺跡、寝屋川市寝屋南遺跡などにおいても屋外排水溝が確認されている。丘陵続きであるこれらの地域で屋外排水溝が付設されることは、同じ環境下にあったことを示すばかりでなく、日常的な交流があったことを示している。今後、同時期の竪穴住居において屋外排水溝が付設される要因についての検討を深める必要がある。

弥生土器・古墳時代前期の土器

弥生時代後期から古墳時代前期の内里八丁遺跡からは、数多くの土器が出土している。出土土器のうち、集落内で作られた土器が大半を占めるなか、地域間交流によってもたらされた外来（系）土器も少なからず確認されている。その形や胎土などから生駒山西麓の土で焼かれた河内産の土器や在地の胎土でありながらも山陰・北陸・近江・東海・讃岐《さぬき》などの地域的特色を有する土器。そして、近接する南山城の特徴を有する土器などが出土している。

かつて、文化人類学者であるジョージ・ピーター・マードックは、一九五〇年代を中心にミクロネシアにおいて民族調査を行い、集落内での男女生業の比率を算出した。その中で土器づくりの八五パーセントは女性が分担していることが報告された。独立した地域における男女の作業分担の比率は、その後、日本国内における縄文・弥生時代の土器づくりの担い手を復元するうえで重要な民族調査成果として認識されている。

なお、先に述べた内里八丁遺跡の出土土器には、他地域の系譜をひく土器が出土しているが、その背景には、交易や婚姻制度との関連を想定する必要がありそうである。三河川合流部に所在する集落遺跡であるからこそ他地域の系譜をひく土器が出土することも忘れてはならない。

軍事ネットワーク

『魏志倭人伝』の「倭国大乱」を具体的に捉え得る遺跡として弥生時代後期の高地性集落がある。南山城地域は、ヤマト王権の中核地である大和盆地に隣接していることから、軍事的に重要な役割を果たしたと考えられる（向日市 一九八三）。具体的には瀬戸内の西方から侵攻する九州勢力の襲撃を一早く察知するために、高台の高地性集落でのろしをあげ、ヤマト王権の中核地にその危機を伝達する機能が整備された。これらは、いわゆる軍事ネットワークと呼ばれる機構であり、八幡市幣原《しではら》遺跡がその機能の一端を有していたと考えられている。高地性集落は、ヤマト王権と瀬戸内地域間を政治的に結びつける重要な機構であった。

●古墳時代

古墳時代は、ヤマト王権が本格的な中央集権体制を確立した時代であり、八幡市域にも数多くの前方後円墳が築造された。また、中期には鉄生産や馬匹の飼育、土木灌漑技術の確立など、いわゆる渡来系技術者集団がもたらした新たな技術により、政治構造や社会が大きく変化した時代でもある。ここでは、八幡市域において具体的な様相が理解できる製塩土器と横穴墓《よこあなぼ》についてみておきたい。

製塩土器

製塩土器は、日常生活や祭祀、竈《かまど》構築材の強度強化などに多用された。日本国内では岩塩が採集できないことから、海浜部での土器製塩によって生成された固形塩が、瀬戸内海浜部や紀淡海峡付近などから内陸部に土器のまま搬入された。内里八丁遺跡では古墳時代中後期の竪穴住居跡から大阪湾岸で生成された製塩土器が出土している。一般的には集落の属性により交流・交易の範囲が異なると考えられており、中核的な集落では、大阪湾岸をはじめ備讃瀬戸や紀淡海峡などの遠隔地で生成された製塩土器が出土することがある。精華町森垣外《もりがいと》遺跡（小池寛 二〇〇二）では、和歌山県紀淡海峡に所在する西ノ庄遺跡で生成された製塩土器が出土している。西ノ庄遺跡は、古墳時代中期に営まれた製塩遺跡であり、周辺の古墳のあり方や副葬品、そして、この遺跡の製塩土器が古墳時代中期の大規模拠点集落である葛城南郷遺跡や物部《もののべ》氏の拠点であった天理市布留《ふる》遺跡などからも出土することから、ヤマト王権の管理下にあった生産遺跡と考えられている。発掘調査はすでに終了しているが、田畑の畦畔《けいはん》などで製塩土器細片が表面採集できることから、西ノ庄遺跡では専業的に広範囲で土器製塩が行われていたと考えられる。今後、八幡市域の集落においても西ノ庄遺跡の製塩土器が検出される可能性があることを指摘しておきたい。

横穴墓

古墳時代の一般的な墓制としては、木棺直葬墓や横穴式石室墳が知られている。八幡市から京田辺市にかけて荒坂・女谷横穴墓や美濃山横穴墓、松井横穴墓などが確認されている。現時点で六〇〇から七〇〇基に及ぶ横穴墓が確認されており、全国的にみても最も基数の多い横穴墓群である。しかし、周辺では同時期の集落は確認されていない点から、これらの横穴墓群は、広い範囲の集落が墓域としている可能性が指摘されている。

一方、大阪府では柏原市高井田横穴墓や同玉手山東横穴墓などが確認されていたが、二〇一七年に北河内の枚方市アゼクラ遺跡において横穴墓が確認された。この横穴墓は、先に述べた松井横穴墓（図2）や美濃山横穴墓などの影響を受けて造営されたと考えられる。両地域は弥生時代の屋外排水溝にも見られるように日常的な交流が見受けられる地域であり、北河内地域の墓制に強い影響を与えたことが想定される。

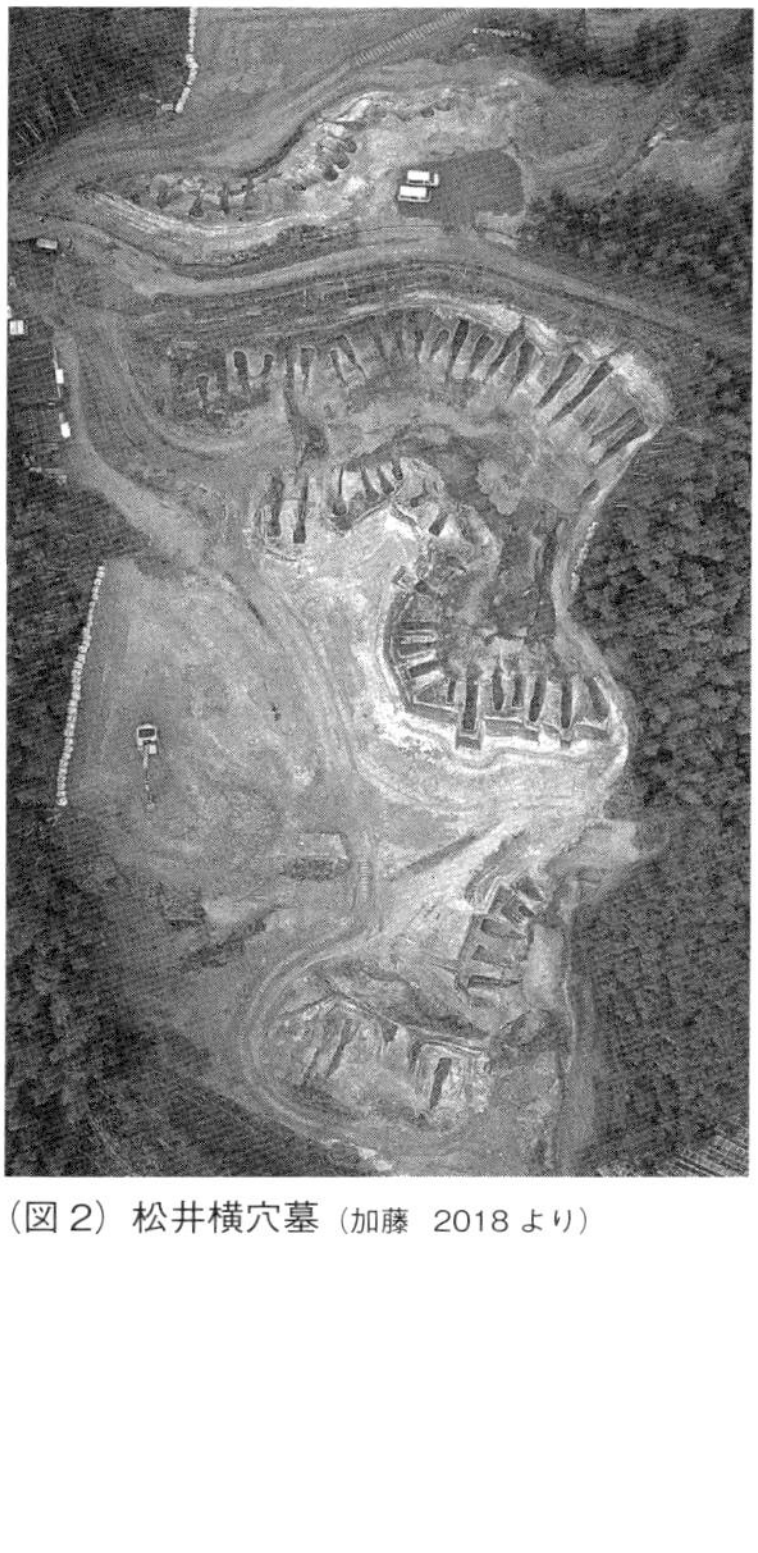

（図2）松井横穴墓（加藤　2018より）

首長墓と遷宮

城陽市には古墳時代初頭の芝ヶ原古墳や南山城地域で最大規模を有する中期の久津川車塚古墳などの首長墓が築造される。一方、木津川市にはヤマト王権から派遣された有力者の墳墓である椿井《つばい》大塚山《おおつかやま》古墳がいち早く築造され、八幡市では八幡茶臼山古墳や石不動古墳、八幡西車塚古墳、八幡東車塚古墳などの首長墓が築造される。これらの首長墓は、ヤマト王権との関係において築造されたと考えられる。一方、継体大王は、淀川流域の樟葉宮《くずはのみや》（五〇七年）から木津川流域の筒城宮《つつきのみや》（五一二年）に遷宮し、その後、桂川隣接地の弟國宮《おとくにのみや》（五二四年）へと遷宮する。これらの遷宮は、在地有力者たちの再編を促し、政治的な結びつきを強固にしたことは想像に難くない。本章で検討する地域間交流や交易とは異質であるため、指摘だけにとどめておきたい。

●奈良時代

山陰道

奈良時代は、平城京を起点に政治制度や文化、思想、技術などが広範囲に拡散するとともに、租庸調《そようちょう》を中心とする税制の確立により様々な地域から平城京に物資が搬入された時代である。それらの物流には陸路や河川が多用され、各地に一定の条件を満たす地域が交易の拠点として再整備されるとともに、駅家の整備も行われた。また、陸路が近くに通る河川隣接地には船着き場としての津が整備され、交易の中核地としての機能を果たすこととなる。

南山城地域は、平城京から旧山陰山陽併用道を介して物資の運搬や情報伝達、交易が盛んに行われた地域である。これらの古道は、当時の安定した政治や社会を維持するうえで非常に重要な役割を果たしており、各地の政治経済の拠点や交通の要衝地を最短距離で結ぶ直線的な交易ルートが整備された。

内里八丁遺跡（図3）では、複数の掘立柱建物の東側に並行する溝が確認されていることから、古山陰道の側溝である可能性が指摘された。また、

（図3）内里八丁遺跡の道路遺構（森下 2001より）

掘立柱建物や溝、土坑から平城京からもたらされた土師器《はじき》や須恵器《すえき》のほか、和同開珎一点（初鋳七〇八年）、萬年《まんねん》通寶一点（初鋳七六〇年）、神功《じんぐう》開寶一点（初鋳七六五年）や金銅製のベルト飾りが出土している。かつて歴史地理学者である足利健亮は、当地に古山陰道を推定した。発掘調査で道路側溝と思しき遺構が確認されたことや溝や土坑から平城京からもたらされたと考えられる遺物が数多く出土したことから、古山陰道である可能性は高いと考えておきたい。

中国製絞胎陶枕

内里八丁遺跡で最も注目すべき遺物として、中国製絞胎陶枕《こうたいとうちん》（図４）がある。出土した絞胎陶枕は、南山城地域では唯一の出土であり、今回、理化学的な胎土分析を実施し、ここにその分析結果の概要を掲載しておきたい。なお、このデータは、今後、絞胎陶枕を通して東アジアでの交易の実態を解き明かす基礎となる。

絞胎陶枕は、内里八丁遺跡二〇次調査検出の円形土坑ＳＫ一から出土した。土坑から七世紀から八世紀前半頃の土師器や須恵器が出土している。出土した絞胎陶枕は約三センチメートルの小破片であるが、元来、小型で中空の直方体の施釉陶器であり、白色粘土と褐色粘土を練り合わせて縞模様の粘土板を造り、箱状に貼り合

（図４）絞胎陶枕復元図（公益財団法人京都府埋蔵文化財調査研究センターホームページより）

わせている。器表面には透明度の高い黄釉を掛けるが、内面は無釉である（山口繁生 二〇二三）。

国内の出土陶枕には中国唐三彩や奈良三彩がある。用途としては、陶製枕あるいは文字を書く際の腕置台という説がある。出土唐三彩は、七世紀中頃から八世紀中頃にかけて中国で生産されており、直接、中国から内里八丁遺跡にもたらされたのではなく、平城京を介して当該地にもたらされたと考えられる。

分析結果として、表面の元素マッピングにおいて鉛（Ｐｂ）が全面で強く検出された。よって、釉薬には鉛釉が用いられている。また、裏面の元素マッピングにおいては絞胎の縞模様と同様のコントラストである鉄（Ｆｅ）が観察された。白色胎土と褐色胎土の点分析の比較においても褐色胎土の鉄含有量が優位であった。よって、褐色胎土の色調は鉄化合物に由来すると考えられた。一方、裏面の白色粘土の元素マッピングでは胎土に含まれる鉱物由来とみられるチタン（Ｔｉ）とジルコニウム（Ｚｒ）が点状に観察された。

今後、出土する中国製絞胎陶枕の故地を推察する際、ここで報告した分析データが、非常に重要になると確認している。

則天文字

八幡市教育委員会が発掘調査を行った上奈良遺跡では、中国の則天《そくてん》文字による墨書土器（図5）が確認されている。則天文字は、中国唐代の武周の女帝である則天《そくてん》武后《ぶこう》が制定した漢字である。日本国内では正倉院宝物、慶雲四年（七〇七）の書写『王勃《おうぼつ》詩序』に則天文字が使われている。則天武后は仏教を

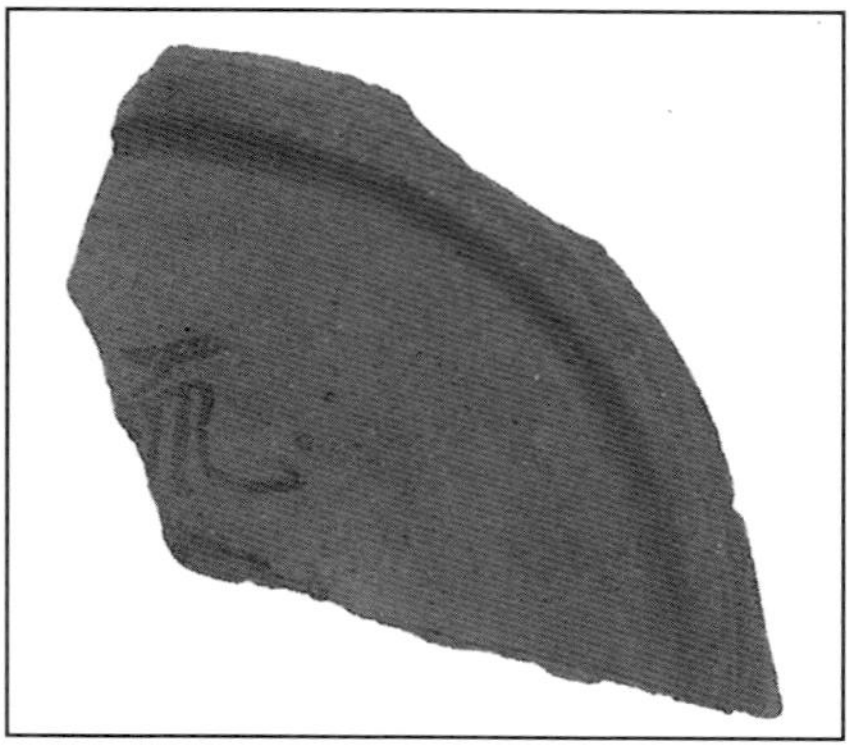

（図5）上奈良遺跡出土土器　中国則天文字「天」墨書（八幡市教育委員会の発掘調査による。掲載写真公益財団法人京都府埋蔵文化財調査研究センター『発掘された京都の歴史 2022』展示図録 10 頁より転載）

重視し、経典に則天文字を多用したため、唐からもたらされた経典を写経することで、正倉院宝物や寺院、官衙に伝わったとする説がある。一方、天平宝字元年（七五七）に施行された養老律令にも則天文字が散見できることから、律令政治が各地へ浸透する際に各地の官衙《かんが》や集落に広がったとも考えられている。上奈良遺跡の墨書土器は、当該地で墨書されたか否かについては明らかにできない。しかし、上奈良遺跡で出土した事実は、当該遺跡の重要性を示している。

軒丸瓦

八幡市には奈良時代の志水廃寺、西山廃寺、美濃山廃寺の三寺院跡が知られている。特に、美濃山廃寺及び美濃山瓦窯跡で出土した軒丸瓦と軒平瓦の蓮弁や中房の蓮子《れんじ》、珠文《しゅもん》、外区の鋸歯《きょし》文や圏線などの瓦当文様から認定される型式分類を基に、寺院ごとの造瓦集団の共有性を把握することができる。以下、都城をはじめ、各地の寺院や役所と同じ笵《はん》で作られた軒瓦を抽出し、その共通性について記述しておきたい（図6、筒井崇史ほか 二〇一四）。

Ⅰa型式は、単弁六葉蓮華文軒丸瓦であり、瓦当面の直径は一六センチメートルである。後に述べるが、美濃山廃寺の主要施設に採用された礎石・掘立柱併用建物と同一の建築様式が採用されている枚方市九頭《くず》神《がみ》廃寺出土の軒丸瓦と同文様であり、両者に深い関係性があることがわかる。なお、土器や瓦などの土製品を高温焼成した場合、約一〇パーセント縮小することから、九頭神廃寺の瓦当面の直径が一七センチメートルであり、美濃山廃寺の直径より一〇パーセント程度大きいことから、美濃山廃寺の軒丸瓦は、九頭神廃寺の軒丸瓦を踏み返した可能性が高く、九頭神廃寺が先行して造瓦されていることがわかる。

Ⅱa型式は、複弁八葉蓮華文軒丸瓦であり、美濃山廃寺で最も数多く出土する型式である。同じ文様の軒丸瓦は、奈良県久米寺瓦窯に出土例が確認されている。Ⅱｂ型式は、複弁八葉蓮華文軒丸瓦である。八幡市内志水廃寺と西山廃寺で同文様の軒丸瓦が出土していることから、Ⅰａ型式やⅡａ型式の軒丸瓦とは異なり、極めて小範囲において共有された瓦笵と言える。

Ⅳ型式は、単弁十四葉軒丸瓦であり、瓦の胎土は粗く、焼成が不良なため茶褐色を呈する特徴がある。八幡市西山廃寺や枚方市百済寺跡出土の軒丸瓦と同文様である。

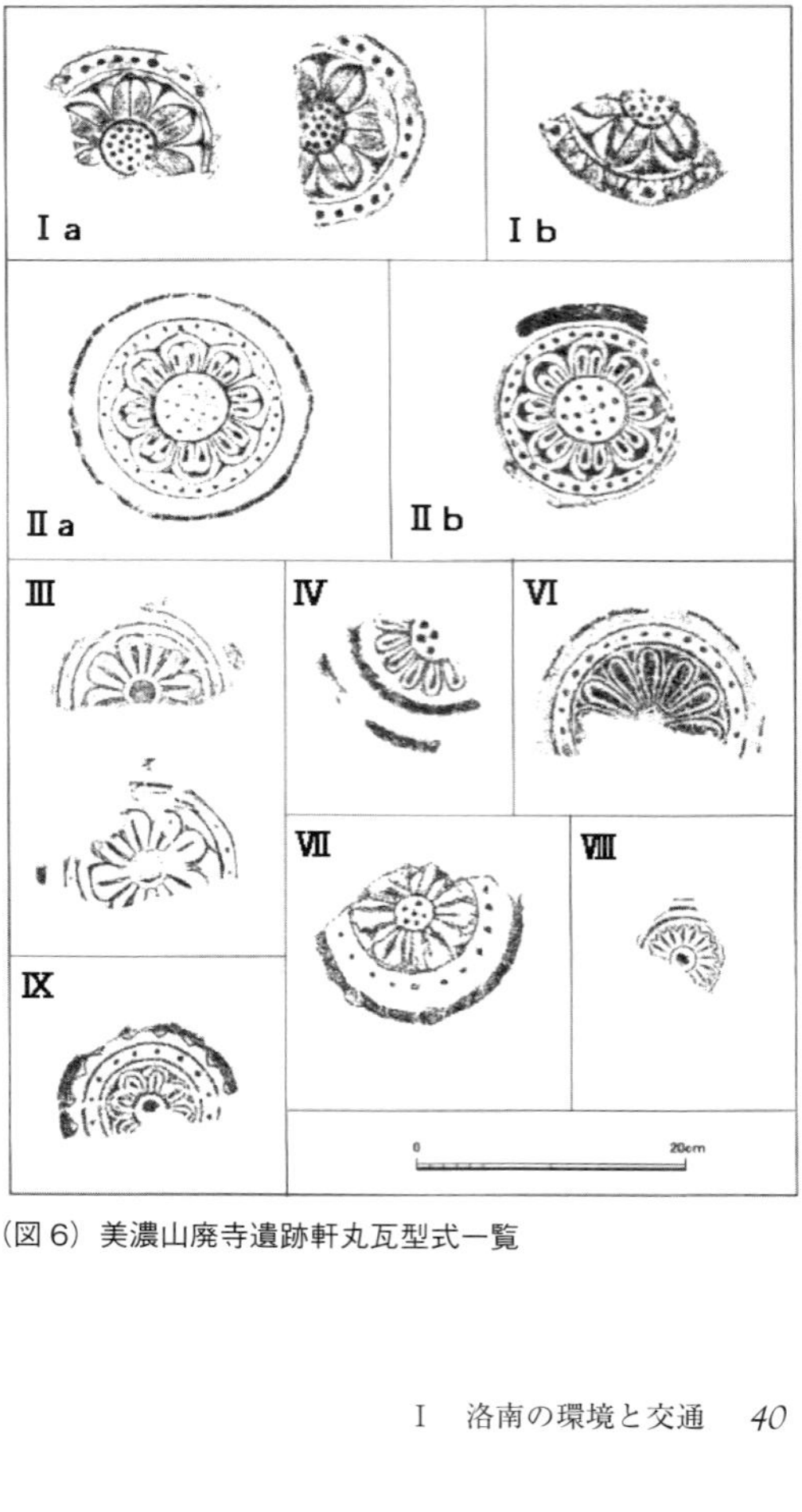

（図６）美濃山廃寺遺跡軒丸瓦型式一覧

Ⅵ型式は、単弁十二葉蓮華文軒丸瓦であり、平城宮六一三五Ａ型式と同文様である。奈良市法華寺などでも出土している。平城京跡の調査研究により、平城瓦の編年上Ⅱ－二期（七二九～七四五年）に比定できる軒丸瓦である。

Ⅶ型式は単弁十一葉蓮華文軒丸瓦である。京都府山背国分寺ＫＭ一一型式と同文様である。また、八幡市志水廃寺、京田辺市興戸廃寺、同普賢寺跡でも出土している。八幡市内で出土する軒丸瓦は、市内寺院で共有する型式と奈良県内の寺院や平城京跡、南山城の国分寺などと共有する型式が知られている。

先に見たⅥ型式の軒丸瓦は、平城宮六一三五A型式と同文様であることから、畿内中枢部と同文様の軒丸瓦が、南山城や北河内地域に直接、伝播したことを示している。一方、同文様の軒瓦が、畿内から各地域に延びる旧道に沿って点的に分布する傾向を指摘する見解もある。その背景には、律令政策の広がりを示すとともに、軒瓦に焦点を当てれば、中央で完成された造瓦体制や技術が地方に波及する実態を示していると言われている。

礎石・掘立柱併用建物

本章でたびたび取り上げる美濃山廃寺で確認された主要な建物では、他ではあまり類を見ない礎石と掘立柱を併用した建物が確認されている。通常、古代寺院の主要建物を建造する際、一定の厚さに叩き締められた版築《はんちく》により強固な基壇《きだん》を造り、その基壇上に根石を配石し、直上に礎石を固定する工法が採用されている。しかし、美濃山廃寺の主要建物は、基壇を構築せず、整地された平地に礎石と掘立柱を交互に配置するきわめて特殊な構造を有している。その配置は、柱筋ごとに交互に礎石と掘立柱が配置されるのではなく、掘立柱が連続して配置される部分もあり、建物の正面と背面での視覚的な効果を考慮した配置と考えられる。

美濃山廃寺が位置する丘陵は、花崗岩や砂岩が堆積する岩帯がないため、礎石に使用する花崗岩などは遠隔地から搬入しなければならない。一方、寺院建築の上部構造体は、屋根全面に瓦が葺かれないとしても、相当な重量であり、地面に柱穴を穿ち柱を立てるだけでは建物の自重で柱が地面に沈み込んでしまい、建物自体が傾く危険性を有している。それを防止するため、基本的には交互に礎石を用いることにより、安定した建物となることを意図して、礎石・掘立柱併用建物を採用したのではないかと考えられる。美濃山廃寺の建物と同様な礎石・掘立柱併用建物は、枚方市九頭神廃寺において確認されている。きわめて特殊な建物であることから、工人集団の共有が想定できる。先に述べたように礎石・掘立柱併用建物も九頭神廃寺からもたらされた技術と考えられる。

●平安時代

西寺銘の平瓦が出土した美濃山四号窯跡

美濃山四号窯跡から「西寺」銘を有する平瓦（図7、筒井崇史 二〇一四）が瓦窯の構築材として出土している。美濃山瓦窯跡では、二号窯と四号窯が、セットで操業された可能性があり、西寺銘を有する平瓦は、二号窯で焼成された際に生じた破損品を四号窯の構築材として使用したと考えておきたい。

西寺は、平安京右京九条一坊に建造された平安時代の官寺であり、朱雀《すざく》大路を挟んで東寺がシンメトリーの位置に所在している。東寺は空海により盛行を極めるが、西寺は朝廷の財政難により支援が得られず、廃寺となったとされる。西寺跡においては、一九七〇年の京都市立唐橋小学校建設に先立って実施された平安博物館（平安博物館 二〇一五）の調査によって数多くの軒瓦や丸瓦、平瓦が出土している。特に、「西寺」と押印された幾種類かの字体による平瓦のなかに美濃山四号窯跡出土「西寺」瓦と同一の字体を有する平瓦が確認されている。西寺建立には、膨大な瓦塼類の調達が必要であったと

（図7）「西寺」銘平瓦（右：美濃山4号窯、左：西寺）

考えられる。しかし、西寺が官寺であったことから瓦類はあくまで官窯で生産されたと考える説とその膨大な瓦生産は、官窯のみならず民窯でも行わなければ必要な供給量を満たすことはできなかったと考える説もある。

一方、枚方市阪《さか》瓦窯跡からも西寺銘を有する平瓦が出土している。また、阪瓦窯跡に近接する枚方市九頭神廃寺でも西寺銘をもつ平瓦が出土している。字体などから、美濃山四号窯跡出土瓦の印影とは異なってはいるが、西寺銘を有する平瓦が周辺寺院から出土した事実からみると、美濃山廃寺は、創建時に九頭神廃寺と同文の軒瓦を使用していることから、地域的な関わりが深いことが指摘されている。西寺銘を有する平瓦が出土した阪瓦窯や美濃山瓦窯は、西寺の瓦生産に参画を要請された可能性を指摘しておきたい。いずれにしても美濃山廃寺と美濃山瓦窯がある南山城地域と北河内地域の関係性の深さを如実に示す資料として重要である。

以上が、考古学からみた古代までの八幡における地域間交流と交易の実態である。八幡では、それ以後も連綿と他地域との交易が継続されるが、以下の三点についてのアウトラインを記し、その重要性を指摘しておきたい。

石清水八幡宮

石清水八幡宮は、平安時代の貞観元年（八五九）に大安寺の僧・行教《ぎょうきょう》が、豊前国、宇佐神宮を勧請《かんじょう》し、朝廷が社殿を建立したことによる。石清水八幡宮は、平安京の裏鬼門を守る神宮として朝廷をはじめ公家や武家などの信仰を集め、天元二年（九七九）に円融天皇が行幸して以降、頻繁に天皇が行幸するようになる。石清水八幡宮の存在は、平安京と当該地域を結びつける存在であり、朝廷や公家、武家文化が伝播し、さまざまな文物がもたらされた。石清水八幡宮の建造により、門前町が整備されるとともに天皇の行幸に伴い、街道や水運、橋梁などの整備も急速に促進された。また、三河川が交流する地点であったことから、山陽道や丹波街道、北河内などとの物流の拠点となり、大いに発展した。

東高野街道

平安時代末期から中世にかけて高野《こうや》聖《ひじり》の活動が活発化する。京の都に所在する教王護国寺である東寺から石清水八幡宮を経由し、洞ヶ峠から生駒西麓域を南下し、途中、堺からの西高野街道と合流し、高野山金剛峰寺へ至る東高野街道（図8、八幡市教育委員会 二〇一三）が整備され、金剛峰寺への参詣が盛んに行われた。また、東高野街道から八幡で分岐する山根街道により、北河内一帯との交易や物流も盛んに行われた。

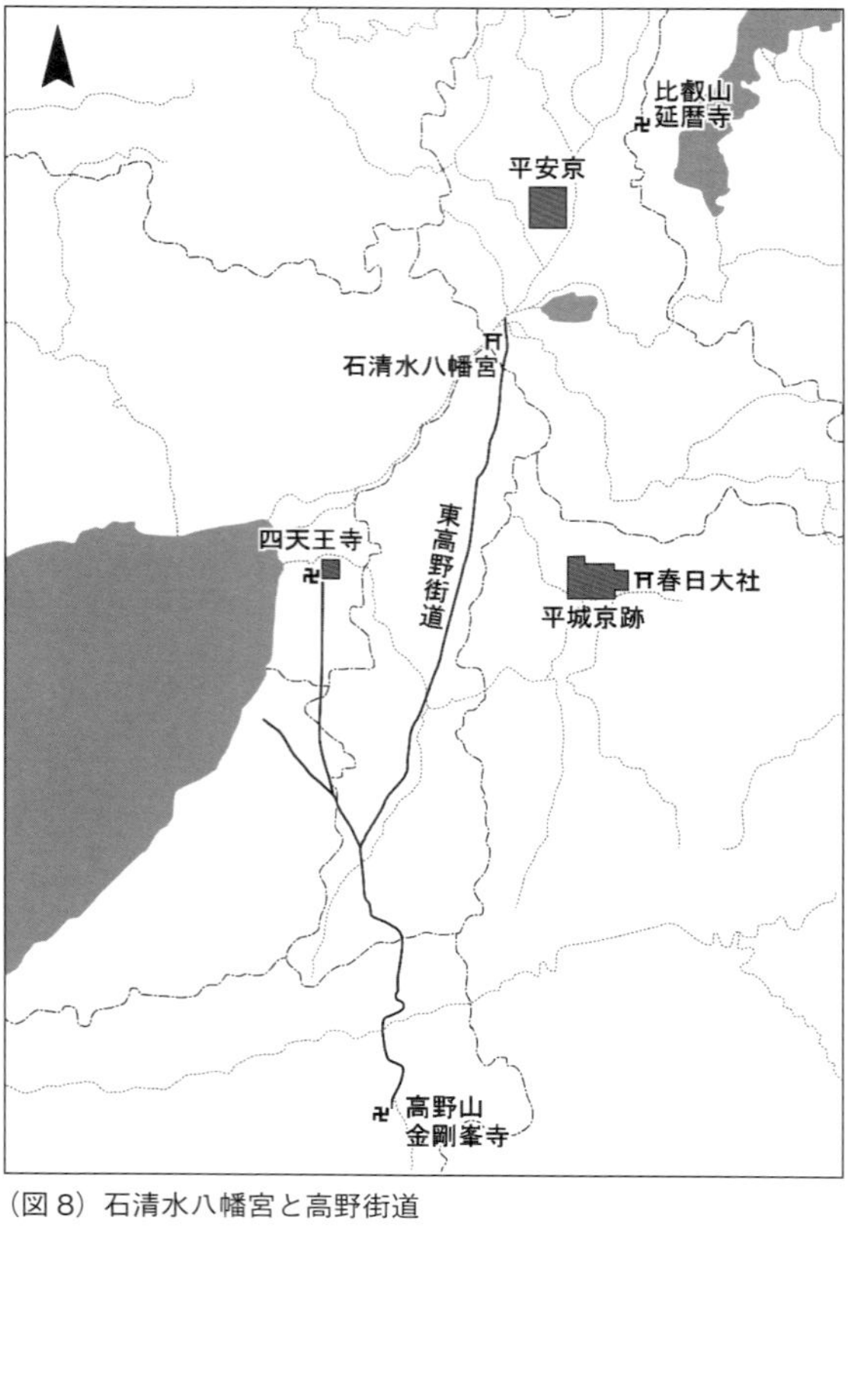

（図8）石清水八幡宮と高野街道

淀川水運

近世では、京街陸路とともに

大阪と京都を結ぶ重要な水運として淀川が多用された。京都・淀の津には、大阪湾から魚介類や塩などの物資が三十石船によって運搬され、また、木津川には上津屋の渡しや狐川の渡しが設けられた。そのいずれにおいても、八幡は交易の要衝中心地であり、交易のかなめの地点としての機能を持ち続けたのである。

まとめ

八幡市域における地域間交流と交易の実態を考古資料によって復元した。いずれの時代も地域間交流や交易が盛んに行われた背景には、三河川の合流地点に立地する地理的環境が深く関連している。一方、遠隔地と常につながりをもつ八幡は、平城京から旧山陰道の中継地点として発達するとともに、石清水八幡宮の造営により、平安京の都市文化の流入を契機に門前町などの整備が行われた。このように他地域では類を見ない地理的・政治的条件が、八幡における文化資源の源泉になっている。

参考文献

◎加藤雅士　二〇一八「松井横穴群一～四次」『京都府遺跡調査報告集』第一七一冊　公益財団法人京都府埋蔵文化財調査研究センター
◎小池寛　二〇〇二「古墳時代中期における製塩土器研究の現状と課題」『京都府埋蔵文化財情報』第八六号　公益財団法人京都府埋蔵文化財調査研究センター
◎小池寛・増田孝彦・川上晃生　二〇二一「屋外排水溝をもつ竪穴建物―弥生時代後期の男山～枚方丘陵を中心に―」『京

都府埋蔵文化財情報』第一三九号　公益財団法人京都府埋蔵文化財調査研究センター
◎全南文化財研究院　二〇二一「光州大支洞上村・鴨村洞大村・支石洞大村遺蹟-Ⅲ-」『全南文化財研究院學術叢書』第一一七冊
◎筒井崇史ほか　二〇一四「八幡インター線関係遺跡」『京都府遺跡調査概要』第一六〇冊　公益財団法人京都府埋蔵文化財調査研究センター
◎平安博物館　二〇一五『平安京古瓦図譜』
◎向日市　一九八三『向日市史』
◎森下衛　二〇〇一「内里八丁遺跡二」『京都府遺跡調査報告書』第三〇冊　公益財団法人京都府埋蔵文化財調査研究センター
◎山口繁生　二〇二三「分析報告（絞胎陶枕の分析）」公益財団法人元興寺文化財研究所
◎八幡市教育委員会　二〇二三『八幡市埋蔵文化財発掘調査報告』第七〇集

コラム1

木津川河床遺跡

小池　寛

このコラムでは、木津川河床遺跡における明治時代の汽船運搬と、デ・レーケ水制及び地震に伴う液状化現象による噴砂について広域防災の観点から触れておきたい。

デ・レーケ水制

広範囲に広がる木津川河床遺跡において桂川の東岸部を調査した際、板石がほぼ隙間なく貼り込まれた遺構が検出された。出土遺物から近現代の遺構であることが想定された。その後、その周辺の調査において突堤状の張り出し部分に同様な礫群を検出するとともに、幾重にも樹木の枝を積み重ねた粗朶《そだ》沈床《ちんしょう》と呼称される施設が確認された（図1、中川和哉二〇一三）。当初、検出遺構の性格などについては不明であったため、国土交通省淀川資料館で資料調査を行ったところ、明治時代に日本政府が技術指導を目途に招聘したオランダ人技師ヨハネス・デ・レーケの水制の設計図と一致することが確認できた。河川の両岸に突堤状の張り出しを等間隔に構築することにより、河道の流水が中央に集中し、河床に堆積した堆積物を下流に流し、蒸気船の航路を確保するための施設であることがわかった。明治時代初期は陸路よりは水運による運搬が一般的であり、京都伏見京橋の浜から桂川を下り、淀川から大阪に至る水運利用を円滑に進めるための施設であることが判明した。先に述べたように、蒸気船などが円滑に航行する目的で水制が構

（図1）発掘調査で確認したデ・レーケ水制

築されたが、現代において桂川や淀川の河道拡幅に伴う工事でデ・レーケ水制の大半は破壊されている。この発掘調査により、正確に水制の構造が確認されたことは、日本が近代化に向かう原動力を示唆する遺構としてきわめて重要であるとともに、淀から八幡にかけての物資運搬の歴史を明らかにできた意義は大きい。検出遺構は、日本の近代化遺産として現地に保存されている。

液状化現象に伴う噴砂

近年、大規模な地震による津波や液状化現象による甚大な被害が問題視されている。特に、液状化現象に伴う噴砂により建物や地下埋設物の隆起が被害を拡大させている状況が多く見られる。この噴砂が地震考古学者である寒川旭《さんがわあきら》によって一九八五年に認識された遺跡が八幡市木津川河床遺跡である（図2）。同遺跡の発掘調査では、中世の耕作溝が多数検出されていたが、耕作溝内の多くに砂が噴出していることが確認されていた。しかし、耕作溝内だけではなく、耕作溝から徐々にずれながら地面の亀裂から砂が噴出していることを確認していた。当初、それが何によるものなのかは不明であったが、寒川旭の現地確認により、伏見慶長地震の液状化による噴砂であることが初めて指摘された。その後、液状化に伴う噴砂は、寒川旭の詳細な現地調査ならびに啓発活動により全国各地で確認され、あらためて南海トラフによる広域巨大地震の脅威を発掘調査から広く知らしめることになった。木津川河床遺跡は、正に地震考古学発祥の記念碑的遺跡であり、広域防災の観点からわれわれに地震災害への警鐘を鳴らし続けているのである。

（図 2）木津川河床遺跡の噴砂

参考文献
◎岡崎研一　二〇一六「木津川河床遺跡第二七次」『京都府遺跡調査報告集』第一六五冊　公益財団法人京都府埋蔵文化財調査研究センター
◎中川和哉ほか　二〇一三「木津川河床遺跡第二二次」『京都府遺跡調査報告集』第一五五冊　公益財団法人京都府埋蔵文化財調査研究センター

I　洛南の環境と交通

平安時代の与等津

金田　章裕

はじめに

平安京への物資の輸送ルートとして、北陸道からの琵琶湖経由の水運と、南海道・山陽道からの淀川経由の水運がとりわけ重要であった。琵琶湖経由の水運で運ばれた物資は大津で、淀川経由の水運物資は淀津（以下、与等津《よど》）で陸揚げされて、平安京へ搬入された。

与等津については、京都市伏見区の桂川河岸で検出された遺跡がこれに関連すると推定されている。この遺跡の概要を確認した上で、改めて与等津について若干の検討を加えてみたい。

淀水垂大下津町遺跡

京都市伏見区淀水垂町地内の「長岡京・淀水垂《みずたれ》大下津《しもづ》町遺跡」（以下、淀水垂大下津町遺跡）は桂川右岸に位置するが、現在の河川敷内に相当し、弥生時代から明治時代にかけての各種遺構からなる。現在の桂川と鴨川は、淀水垂大下津町遺跡の上流約三キロメートルの地点で合流しているので、この桂川とは鴨川水系をも含んでいることになる。

京都市埋蔵文化財研究所による発掘調査によって、平安時代の遺構・遺物が検出された。府道二〇四号が桂川を渡る宮前橋のすぐ北側（上流）において、遺跡南端に近い調査区「二区」がある。この位置は、現在の桂川の流路がやや東へ張り出した湾曲部分の西側にあたる、流路の滑走斜面側である（図1）。

淀水垂大下津町遺跡では、平安京の時代に先立つ多くの遺構・遺物が存在している。弥生時代中期の遺構および多量の弥生土器や磨製石剣、さらに古墳時代前期の竪穴建物遺構六棟および庄内式甕や管玉原料（加工痕のある緑色凝灰岩）などが検出され、すでに古墳時代以前、この河岸地域に他地域の土器・原材料が持ち込まれて、加工も行われていたことが判明している。

飛鳥時代から奈良時代にかけての時期についても溝跡や柱穴列が検出され、特に奈良時代における、東西三間・南北二間で北側に庇の付いた掘立柱建物は、この遺跡における中心的な施設であった可能性が推定されている。

平安時代の遺構としても井戸跡二基、溝、土坑などが確認され、土師器二点、須恵器・灰釉陶器各一点、軒丸瓦二点、軒平瓦七点、銭貨一点などが出土している。井戸のうちの一基は一辺四メートル以上、深さが検出面から三・六メートル以上であり、規模や瓦の出土状況は一般的な集落に存在する井戸とは様相が異なる、と報告されている。瓦の出土状況は鎌倉時代にさらに多量となることも報告されている。

平安時代の港津施設の遺構が、直接的に検出されているわけではないが、このような遺跡の状況から、淀水垂大下津町遺跡が与等津に関わる可能性が高いとする方向での調査報告である。

改めて与等津に関わる史料を再検討してみたい。

（図 1）巨椋池とその周辺（日本陸軍陸地測量部仮製地図〔1889・1890〕から作成）

『延喜式』主税上記載の「与等津」

『延喜式』主税上には、「諸国運漕雑物」の「船賃・功賃」を記している。山陽道播磨国については次のような記載である。

> 播磨国陸路、駄別稲十五束、海路、自レ国漕二與等津一船賃、石別稲一束、挟杪十八束、水手十二束、自二與等津一運レ京車賃、石別米五升、但挟杪一人、水手二人漕二米五十石一、美作、備前亦同。

播磨国各郡から国津までの陸路分が一駄（馬一頭分の積荷、一・五石（約一〇〇キログラム））あたり稲一五束（米一斗五升程度）であり、国津から「與（与）等津」までの船賃が一石あたり稲一束と規定されている。陸路に比べて海路の距離が遥かに長いにもかかわらず、船賃が相対的にきわめて安い。この間の「挟杪《かじとり》」（舵取り、岩波書店『続日本紀二』〈新日本古典文学大系〉七八頁の脚注には「船頭」と説明）の功賃（手間賃）が一八束、「水手《かこ》」（漕ぎ手）の功賃が一二束であり、挟杪一人と水手二人で米五〇石を運漕すると規定されている。さらに与等津から京までの「車賃」が一石あたり米五升とされ、これもまた船賃に比べると非常に割高である。

山陽道・南海道諸国全体を概観するために、播磨国を含めた『延喜式』の記載を表にすると表1のようになる。山陽道では、平安京に最も近い播磨国の船賃・功賃が最も安く、最も遠い長門国が、船賃一石あたり一束五把、挟杪一人四〇束・水手一人三〇束と、いずれの功賃も最も高い。南海道では最も近い紀伊・淡路国の場合がそれぞれ一束、一二束、一〇束であり、最遠の土佐国では二束、五〇束、三〇束となる。さらに西海道の大宰府からだけは、博多津から与等津ではなく難波津への船賃・功賃とされており、五束、六〇束、四〇束と、遠距離である分それぞれが高い。

船賃・功賃の違いを除けば、いずれの国からの場合も挟杪は一人であるが、水手は二人の場合があり、運漕する米の量も異なっている。またいずれの国の場合も、挟杪の功賃は一二～六〇束と、水手の一〇～四〇束に比べて高い。挟杪の方が船頭であり、単なる水手より高く評価されていたものであろう。

播磨国の引用部分に「美作、備前亦同」とあるが、この両国だけでなく、多くの国に「自余准㆓播磨国㆒」とされているので、「自㆓與等津㆒運㆑京車賃」の部分

（表1）与等津への各運漕国からの船賃・功賃（『延喜式』主税上による）

	国	船賃（1石あたり）	挟杪（功賃）	水手（功賃）	与等津―京（1石あたり車賃）	挟杪・水手人数と運漕量
山陽道	播磨	稲　1束	稲　18束	稲　12束	米　5升	挟杪1人、水手2人、米50石
	美作	稲　1束	稲　18束	稲　12束	米　5升	挟杪1人、水手2人、米50石
	備前	稲　1束	稲　20束	稲　15束	米　5升	挟杪1人、水手2人、米50石
	備中	稲　1束2把	稲　23束	稲　20束	米　5升	挟杪1人、水手1人、各米10石
	備後	稲　1束3把	稲　24束	稲　20束	米　5升	水手1人、米10石
	安芸	稲　1束3把	稲　30束	稲　25束	米　5升	水手1人、米15石
	周防	稲　1束3把	稲　40束	稲　30束	米　5升	挟杪1人、水手2人、米50石
	長門	稲　1束5把	稲　40束	稲　30束	米　5升	挟杪1人、水手2人、米50石
南海道	紀伊	稲　1束	稲　12束	稲　10束	米　5升	挟杪1人、水手2人、米50石
	淡路	稲　1束	稲　12束	稲　10束	米　5升	挟杪1人、水手1人、各米8石2斗
	阿波	稲　1束1把	稲　14束	稲　12束	米　5升	挟杪1人、水手1人、各米10石
	讃岐	稲　6把3分	稲　20束	稲　16束	米　5升	挟杪1人、水手1人、各米10石
	伊予	稲　1束2把	稲　30束	稲　25束	米　5升	挟杪1人、水手1人、各米10石
	土佐	稲　2束	稲　50束	稲　30束	米　5升	挟杪1人、水手1人、各米8石
西海道	大宰府	稲　5束（博多―難波）	稲　60束	稲　40束	米　5升	挟杪1人、水手2人、米50石

もまた、山陽道・南海道諸国に共通であった。

北陸道諸国の場合は水運が日本海と琵琶湖の二つに分かれている。例えば越前国の場合次のように記載されている。

> 越前国陸路廿四束、海路自二平楽湊一漕二敦賀津一船賃、石別稲七把、挟杪卌束、水手廿束、但挟杪一人、水手四人漕二米五十石一、加賀、能登、越中等国亦同、自二敦賀津一運二塩津一駄賃、米一斗六升、自二塩津一漕二大津一船賃、石別米二升、屋賃石別一升、挟杪六斗、水手四斗、自二大津一運レ京駄賃、別米八升、自余雑物斤両准レ米

この記載には、越前国の運送起点を、加賀国の平楽湊としていること、また船賃を七把（〇束が欠か）としていることには疑問がある。ただし播磨国の場合と比べると敦賀津への運漕を、挟杪一人は変わらないが、水手四人と二倍の人数を記載し、挟杪四〇束、水手二〇束と、功賃もはるかに高い。日本海の方が、瀬戸内海に比べて運漕に困難が多かったことを反映しているとみられる。

また、塩津から大津への琵琶湖の運漕に、一石あたり米二升と、播磨国から与等津へのほぼ二倍の船賃を計上していることと、雨・波を避けるための被い屋根の費用と思われる「屋賃」を記載していることも特徴であろ

（表2）大津への各運漕国からの船賃・功賃（大津ー京、1石あたり：駄賃米8升）（『延喜式』主税上による）

国	敦賀への船賃（1石あたり）	挟杪（功賃）	水手（功賃）	塩津―大津船賃（1石あたり）	挟杪（功賃）	水手（功賃）	挟杪・水手人数と運漕量
若狭				米1升（勝野津―大津）	米4斗	米3斗	挟杪1人、水手4人、米50石
越前	稲　7把	40束	20束	米2升（屋賃1升）	6斗	4斗	挟杪1人、水手4人、米50石
加賀	稲　2束6把	70束	30束	米2升（屋賃1升）	6斗	4斗	挟杪1人、水手4人、米50石
能登	稲　2束6把	70束	30束	米2升（屋賃1升）	6斗	4斗	挟杪1人、水手4人、米50石
越中	稲　2束2把	70束	30束	米2升（屋賃1升）	6斗	4斗	挟杪1人、水手4人、米50石
越後	稲　2ヶ6把	75束	45束	米2升（屋賃1升）	6斗	4斗	水手人別8石
佐渡	稲　1束4把	85束	50束	米2升（屋賃1升）	6斗	4斗	挟杪1人、水手4人、米50石

う。

さらに、大津から京へは「駄賃、別（一駄あたり）米八升」を計上していて、与等津から京への「石別米五升」よりかなり高い。しかも与等津～京が車賃であるのに対して、大津～京は駄賃（馬の荷駄）である。与等津～京が平坦で荷車を使用することができたのに対し、大津～京には山越え部分があって荷駄とならざるを得なかったのであろう。

さらに比較のために、他の北陸道諸国についても表2を参照してみたい。若狭国だけは陸路で琵琶湖西岸に向かい、勝野津から琵琶湖水運を利用して大津に至る。他の国々は日本海岸の敦賀津で一旦上陸し、そこから陸路で湖北の塩津に向かう。塩津から琵琶湖水運によって大津に至る行程であり、敦賀津からは越前国と同様の行程である。

馬借と車借

与等津から京への荷車がどのようなものであったのかは即断できないが、平安時代末ごろには牛にひかせる車の業者（車借《くるまかし》）と、荷駄を運ぶ馬の業者（馬借《うまかし》）が存在したことは知られる。

一二世紀前半ごろに成立したとみられる『今昔物語集（巻二九）』「不被知人女盗人語第三」には、「六角よりは北、（中略）其の辺《ほとり》には車借と云ふ者数《あまた》有り」と、京の六角通の北側一帯にこのような運送業者「車借」の集積したところがあったことを記している。

一一世紀中ごろに、藤原明衡《あきひら》が著したという『新猿楽記《さるがく》』の記載は、京周辺の馬借・車借について、さらに具体的に表現している。

件の夫は、(中略)東は大津・三津に馳せ、西は淀の渡、山崎に走る。牛の頸《くび》は爛《ただ》るといへども一日も休むることなし。馬の背は穿つといへども片時も活《いこ》へず。常に駄賃の乏少なることを論じ、鎮《とこしなへ》に車力の不足を諍《あらそ》ふ。

「件の夫」が、東は琵琶湖畔の大津・三津(現・大津市下阪本)、西は淀川河畔の淀・山崎の津までの道を、牛馬を酷使しつつ京へと物資を運び、運賃を稼いでいた様子を描写している。荷は、馬の背(馬借)か、牛車(車借)で運んでいた。これと同様に、『延喜式』の荷駄は馬の背、荷車は牛車とみてよいであろう。ただし規定は、与等津~京が車であるのに対して、大津~京は荷駄であった。『新猿楽記』には、酷使されたのは牛馬だけではなく、牛馬を使う男も同様であったことも加えられている。

足には藁履《わらうづ》を脱ぐ時なく、手には楉鞭《しもとむち》を捨つる日なし。踵《きびす》の皹《あかがり》は山城茄の霜に相へるがごとし。脛《はぎ》の瘃《ひび》は大和瓜の日に向かへるがごとし。ただ牛馬の血肉を以て、将に妻子の身命を助けんとするのみ。

この記述は、足の踵や脛に「あかぎれ、ひび割れ」を作りながら、家族の生活を支えるために、牛や馬を鞭打って必死に働くさまを描いている。駄馬は背に荷を積み、牛は荷車を引いて、舗装などない道や、坂道にあえぎつつも進んだものであろう。

はるか後の近世には、東海道大津・京都間の蹴上・日ノ岡や逢坂山など、あるいは伏見・京都間に「車《くるま》道《みち》」が造られていたことが知られる。車道は便利であったと思われるが、一般に牛がひく荷車は遅いが悪路に強く、舗装のない道でも牛が車をひいていた。京都近郊の車道のうち蹴上・日ノ岡の車道は、そのような「牛馬の苦痛をかろしめ候様」に享保一九年（一七三四）、木食正禅《もくじきようあ》という僧が奉行所へ出願して工事を始め、元文三年（一七三八）に建設が完成したとの記録がある。

このような状況からすれば、前述『延喜式』の与等津から京への「車賃（一石あたり米五升）」とは、牛がひく荷車を対象としていたものと考えてよいであろう。

与等津の位置と施設

与等津については『御堂関白記』寛弘六年（一〇〇九）一〇月五日条に、「東西淀」に検非違使を派遣したとの記事がある。与等津がおそらく桂川の東岸・西岸に存在したことを示しているとみられる。

さらに『中右記』には、「桂河西駄餉《だしょう》所」（康和五年（一一〇三）一一月五日条）と「桂河東駄餉所」（永久二年（一一一四）一一月一四日条）の所在が記されている。

駄餉とは、もともと馬の飼葉を指したが、やがて外出先での食事やその宿所・仮屋、あるいは野営地などの臨時の逗留地を意味するようになったとされる（平凡社『日本史大辞典』）。呼称も「だしょう」から、「だこう」ないし「だごう」へと変わったという。

与等津の駄餉所がどのような施設であったのかは不明であるが、前者であれば、牛車をひく牛や、駄馬・騎馬などに飼葉を与える場所であったであろう。あるいは後者であれば、人が食事をとる仮屋などの施設であろうが、同時に牛馬にも飼料を与える場所であったことを示しているのであろう。

つまり与等津とは、桂川の東岸と西岸にあり、必要があれば両方に検非違使を派遣するような津であった。またやはり東西に、「桂河東駄餉所・桂河西駄餉所」と称される施設があったことも知られる。相互の位置関係は不明であるが、「東淀」と「桂河東駄餉所」、「西淀」と「桂河西駄餉所」は、それぞれセットになった施設であったとみるべきであろう。

仮に、「東淀」津を淀水垂大下津町遺跡の対岸付近と仮定すれば、そこから平安京へは、桂川東岸の近世以来「大阪（坂）街道」と呼ばれた道を北東へ向かい、「鳥羽の作道」を経て、朱雀大路ないし、後の東寺口に至るルートが自然である。この場合、現在の国道1号の鳥羽大橋付近で鴨川を渡河する必要がある。同様に、「西淀」津を淀水垂大下津町遺跡付近に想定するとすれば、そこからいったん西ないし西北に向かって「久我畷」に入り、それを東北方にたどって伏見区久我東町付近で桂川を渡ることになろう。さらに鴨川を渡って鳥羽の作り道に入り、東寺口へと向かうことになるので、再度鴨川を渡る必要がある。

この東・西与等津の位置は想定に過ぎず、また桂川・鴨川の渡河地点も、現在の河道の位置での可能性である。ただし渡河だけを見ても、東与等津から京へは鴨川を一回渡河するだけであるのに対して、西与等津からは、より大きな桂川を含む三回もの渡河を必要とする。さらに、久我畷の遺構は確認されるが、西与等津から久我畷への道の所在は不明である。

このような京へのルートの状況は、『延喜式』が記すのが「車賃」の規定であり、荷車を牛に牽かせる牛車であったので、渡河の少ない東与等津の位置が合理的となる。少なくとも平安時代の与等津とは、桂川の東岸・西岸にあった津の総称であり、それぞれに駄餉所を伴った施設であった。

参考文献

（史料集）

◎山岸徳平他編　一九七九「新猿楽記」（日本思想体系新装版『古代政治社会思想』）　岩波書店
◎京都市編　一九八八『史料京都の歴史　一一　山科区』
◎青木和夫他校注　一九九〇『続日本紀』二（新日本古典文学大系）　岩波書店
◎森正人校注　一九九六『今昔物語集』五（新日本古典文学大系）　岩波書店
◎黒板勝美編　二〇〇〇『延喜交替式・貞観交替式・延喜交替式・弘仁式・延喜式』（国史大系　新装版）　吉川弘文館
◎増補史料大成刊行会編　二〇〇一『中右記』　臨川書店
◎倉本一宏編　二〇〇九『藤原道長　御堂関白記　全現代語訳』全三巻　講談社

（その他）

◎『日本史大辞典』平凡社、一九九三年
◎京都市埋蔵文化財研究所　二〇二三『長岡京跡・淀水垂大下津町遺跡』（京都市埋蔵文化財研究所発掘調査報告）
◎大村拓生　二〇二四「中世淀をめぐる交通と流通」『ヒストリア』三〇二号
◎金田章裕　二〇二四『道と日本史』（日経プレミアシリーズ）　日経ＢＰ社

コラム2

鳥羽離宮跡

前田義明

鳥羽離宮跡は京都盆地の南方、鴨川と桂川が合流する地点に位置し、京都市伏見区竹田・中島両地区にまたがっている。遺跡として指定されている範囲は、西は鴨川、東は近鉄京都線、北は名神高速道路、南は府道伏見向日《むこう》線に囲まれた東西約一・二キロメートル、南北約一キロメートルである。現在の鴨川は遺跡の北側から西側へかけて流れているが、鳥羽離宮が造営された頃の鴨川は、鳥羽離宮の東側、現在の近鉄京都線に沿って南行し、西へ折れていたようである。康治二年（一一四三）八月に安楽寿院に出された『太政官牒』には、安楽寿院の四至について、「東限加茂川　西限西門前大路　南限同河流　北限鳥田界」とあり、また、周辺の調査成果から当時は鳥羽殿の東側を流れていたことがわかる。この鴨川の付け替えについて史料では確認できないが、後の豊臣秀吉の伏見城築城に伴う宇治川付け替えと同様、城下町整備のため移されたと考えられる。鴨川が付け替えられたため、鳥羽作路（西大路）より西側の施設は、川で流されたと想定される。

白河天皇は応徳三年（一〇八六）、堀河天皇に譲位し、景勝地と知られていた洛南鳥羽の地に院御所鳥羽殿の造営を開始した。院政の始まりである。御所に

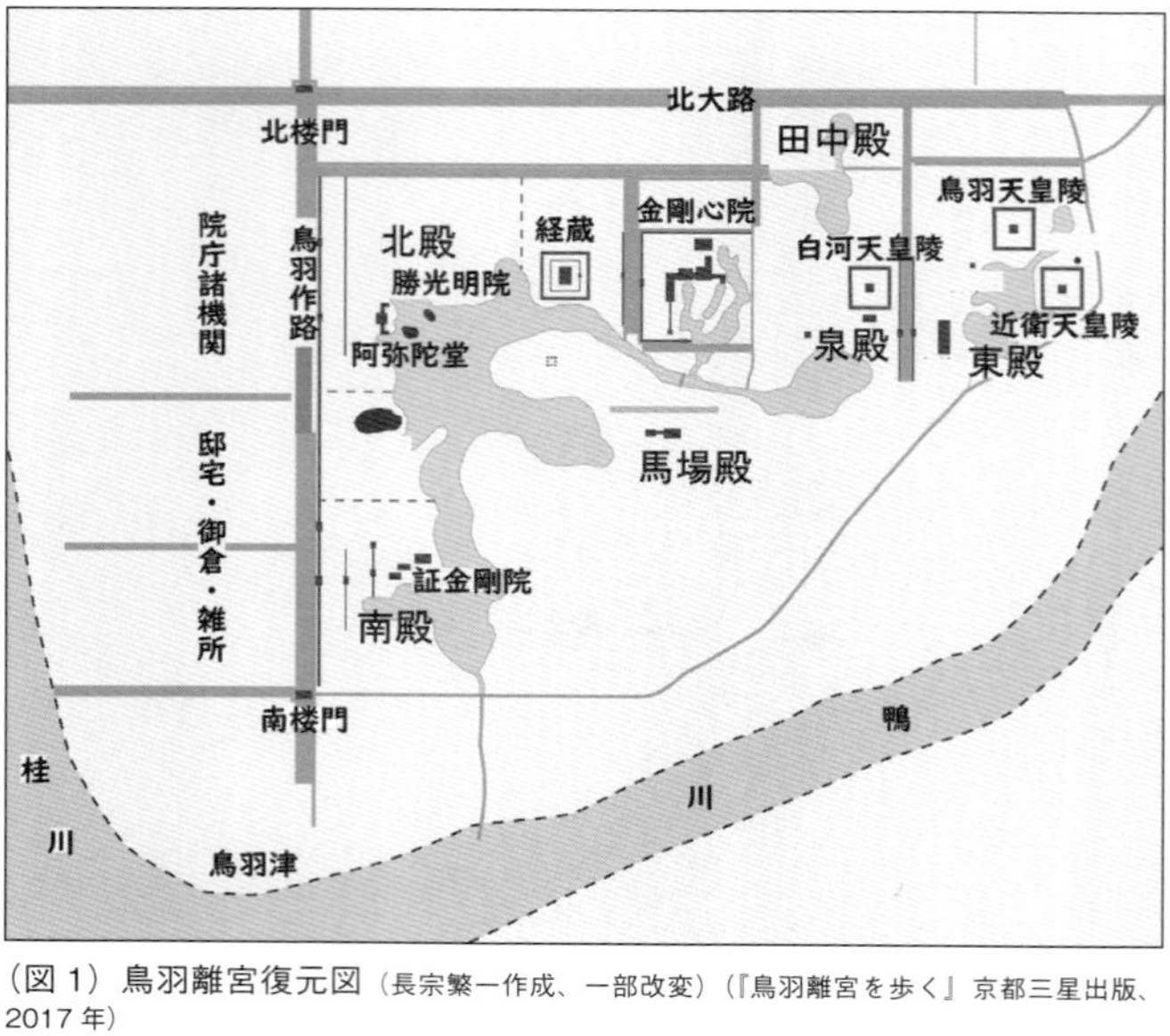

（図1）鳥羽離宮復元図（長宗繁一作成、一部改変）（『鳥羽離宮を歩く』京都三星出版、2017年）

は院庁・倉庫や院近臣の邸宅（直盧《じきろ》）も付属し、まるで「都遷りの如し」と『扶桑略記』（応徳三年一〇月二〇日条）にみえる。平安京の朱雀大路南端の羅城門から、鳥羽作路（現在は旧千本通り）を真南に向かって三キロメートルほどの距離である。鳥羽作路は平安京造営当初から淀川をさかのぼり、鳥羽津（草津）で荷揚げされた物資を平安京へ運ぶ路として利用されていたと思われる。白河院の孫にあたる鳥羽院の田中殿金剛心院まで約七〇年間にわたって造営され続け、広範囲に拡張された。文献では鳥羽殿、城南離宮、鳥羽離宮として記されている。堀河天皇は鳥羽殿造営に携わっていない（図1）。

造営順に南殿・北殿・馬場殿・泉殿・東殿・田中殿と呼ばれ、それぞれ、南殿に証金剛院、泉殿に成菩提院、北殿に勝光明院、東殿に安楽寿院、田中殿に金剛心院と、御所には必ず御堂が営まれた。さらに、周辺には様々な意匠の園池も築かれた。

鳥羽離宮跡の発掘調査は遺跡の北側を通る名神高速道路が建設されることにより始まった。昭和三五年（一九六〇）の一次調査は京都南インターチェンジ付近で実施されたが、遺構遺物は確認されず、次の二次調査の伏見区田中殿町で建物跡や地鎮遺構が検出された。そして、中島町一帯の区画整理事業計画によって、三次から六次調査が実施され、南殿跡の遺構が検出された。証金剛院、寝殿、小寝殿が雁行型に並んでいることが判明し、このことによって昭和五九年（一九七八）、国史跡に指定され、現在鳥羽離宮跡公園と下鳥羽南殿グランドとして市民に活用されている。

南殿の北方に営まれた北殿は、勝光明院経蔵（宝蔵）と勝光明院阿弥陀堂が明らかになっている。経蔵は築地（瓦垣）の雨落溝が南北方向で四三メートル、東西が約三四メートルと判明した。築地の東辺中央部には礎石建物（門）が付属している。経蔵（宝蔵）本体は一部のみの調査で、詳細は不明である。また、経蔵の西方で建物基壇と池の西岸、及び二つの島を検出している。建物基壇は池西岸の汀に接して建てられ、基壇は凝灰岩の屑が入った溝がとり囲んでいるため、この建物は凝灰岩で基壇化粧された

（図2）勝光明院阿弥陀堂基壇（『院政期の京都―鳥羽と白河　付法金剛院・法住寺殿―』京都市・㈶京都市埋蔵文化財研究所、2007年）

阿弥陀堂と思われる。基壇の上面は削平されていて、礎石痕跡を確認できず建物の平面形を探る手だてはないが、平等院を写した（『中右記』保延二年（一一三六）三月二三日条）とされる勝光明院阿弥陀堂に比定されている（図2）。

泉殿成菩提院に付属する白河天皇陵は現在一辺三〇メートルの御陵であるが、昭和五八年以降の調査で御陵を取り囲む幅八メートル深さ一・五メートルの堀がめぐっていることが判明した。堀の外側は素掘りのままで、内側には大きな自然石を用いて石垣を築いていた。石は基底部だけを残しほとんどが抜き取られていたが、横に寝かせて階段状に積んだり縦に用いている箇所もある。この堀までを御陵とすると一辺五五メートルを測り、鳥羽・近衛両御陵と大差ない規模となる（図3）。

離宮の最も東にある東殿は、現存する白河天皇陵（成菩提院陵）の東側から安楽寿院にかけての竹田浄菩提院町・竹田内畑町に推定されている。鳥羽天皇陵（安楽寿院陵）、近衛天皇陵（安楽寿院南陵）、安楽寿院、北向不動尊が現存している。東殿の調査では庭園遺構に関して良好に遺存していることが判明した。昭和四七年と四八年（九次・一〇次）で近衛天皇陵の南側で園池が検出され、ほぼその規模がつかめている。南北約一三〇メートル、東西約一二〇メートルの大きさの池となることが分かった。池の汀は緩やかなカーブを描き、勾配もなだらかである。また、東半部では池を掘り下げるときに中島を削りだし中島を設け、北と南が岸につながる出島となる。中島から西側の汀には、拳大の玉石を一メートル前後の幅で撒き、洲浜を形成している。景石は非常に少ない。

竹田田中殿町という地名から田中殿を明らかにするために、昭和三六年に発掘調査（二次）が開始された。拳大の石を敷き詰めた建物地業を数か所で確認し、地業の範囲で建物を想定している。現在、田中殿公園として保存されている。

田中殿南方に隣接した金剛心院は、鳥羽離宮の中で最も調査成果の上がっている遺跡である。基壇上面は削平されているものの低い部分、特に庭園は良好に遺存していた。検出した遺構は釈迦堂と九

（図3）白河天皇陵堀（同前）

コラム 2

体阿弥陀堂を中心として、北に寝殿、寝殿と釈迦堂をつなぐ二棟廊、釈迦堂と阿弥陀堂をつなぐ小寝殿、釈迦堂から池へのびる釣殿《つりどの》廊、阿弥陀堂から南へ延長したところにある一間四面堂、雑舎、諸施設を取り巻く築地などが検出された。釈迦堂は梁間二間、桁行三間の東西棟で四面に庇と孫庇がめぐり、さらに南側には縁が付く。九体阿弥陀堂（図4）は身舎が梁間二間、桁行九間で四面に庇がめぐり、さらに北側に孫庇が付く。池は釈迦堂の東側（東池）、釈迦堂の南東部（中央池）、九体阿弥陀堂の東側（西池）の三か所でみつかった。いずれも南北に細長い形状を呈している。滝組・洲浜・荒磯・石組み・橋などの作庭技術がみられる。中央池は他と比べ水深が浅く、景石が少量みられるものの形状も長方形を呈し、蓮池と考えられる。

　鳥羽離宮（鳥羽殿）の特徴をあげるとすれば、御所・御堂・御陵が三点セットとして造営されたことであろう。また、最後の金剛心院は本格的な伽藍といえるほどの施設となった。釈迦堂と阿弥陀堂を中心として寝殿、それに付属する渡殿・中門廊など各施設があり、そして、東側と南側に複雑な形の池が広がっている。鳥羽法皇が極楽浄土をこの世に具現化したものと思われる。

（図4）金剛心院阿弥陀堂と園池（同前）

　その造営については、受領層による活躍が著しい。南殿の土地は備前守藤原季《すえ》綱《つな》が山荘を寄進、御所は讃岐守高階泰《たかしなのやす》仲《なか》、成菩提院は備前守平忠盛、勝光明院阿弥陀堂は伊予守藤原忠隆、安楽寿院は藤原家成、金剛心院阿弥陀堂は備後守藤原家明、釈迦堂は播磨守藤原顕親など寄進者や造営責任者が明らかである。平安時代後期には阿弥陀堂建築が大流行するが、成菩提院・安楽寿院・金剛心院はいずれも九体阿弥陀堂であり、このような大規模建築は、多数の仏像も含めて相当の財力を必要としたことであろう。

参考文献

◎城南文化研究所編　一九六七『城南―鳥羽離宮址を中心とする―』城南宮

◎杉山信三　一九六二『院の御所と御堂―院家建築の研究―』（奈良国立文化財研究所学報第一一冊）奈良国立文化財研究所

◎『鳥羽離宮跡I―金剛心院跡の調査―』（京都市埋蔵文化財研究所調査報告第二〇冊）（財）京都市埋蔵文化財研究所　二〇〇二年

Ⅱ 中近世の洛南

久我家領のなかの久我庄
―貴族が守り抜いた洛南の荘園―

コラム 3
淀城と浅井茶々

御所に勤める村の神主、非蔵人・村・公家の交流
―近世の築山村と吉祥院村―

近世石清水放生会の再興
―奮闘する公家―

近世石清水八幡宮の神道思想
―神仏分離で救われた行教像・役行者像―

Ⅱ　中近世の洛南

久我家領のなかの久我庄
―貴族が守り抜いた洛南の荘園―

吉永　隆記

はじめに

日本の中世において、皇族や貴族のような朝廷関係者の支配・経営する所領（支配権の認められた領地）は公家領《くげりょう》と呼ばれており、「〇〇庄《しょう》」のように荘園《しょうえん》として把握された。中世の荘園は、こうした朝廷関係者のほか、寺社や武士など、支配階層の所領として、重要な経済基盤となっており、朝廷の所在した京都の周辺には、多くの公家領が展開していた。例えば、九条家の東九条庄《ひがしくじょうのしょう》（京都市南区東九条周辺）や、山科家の山科《やましな》小野庄《おののしょう》（京都市山科区大宅周辺）など、貴族の家名の由来となった荘園もみられる。しかしながら、度重なる戦乱や押領《おうりょう》（他人の所領を実力で奪うこと）の頻発などにより、公家領の多くは次第に失われていき、戦国時代まで支配・経営を実現していた公家領は非常に限られるのである。そのようななか、洛南の地域で複数の荘園を支配・経営していたのが久我《こが》家である。

久我家は、平安時代後期の貴族である源雅実《まさざね》を祖としている。雅実は白河上皇《しらかわじょうこう》が院政《いんせい》を展開した時期に活躍しており、太政大臣《だじょうだいじん》にまで昇進した。雅実には「久我水閣《こがすいかく》」と呼ばれた別荘があり、白河上皇の造営した鳥羽殿《とばどの》（鳥羽離宮《とばりきゅう》、京都市南区上鳥羽・伏見区下鳥羽周辺）とは桂川を挟んですぐ近くに位置している。すなわち、雅実の久我水閣は、白河上皇の鳥羽殿との関係を前提に営まれたものであり、上皇も久我水閣へ度々遊覧していた（『中右記』）。後に久我水閣の営まれた地は久我庄《こがのしょう》（京都市伏見区久我周辺）となり、鎌倉時代には雅実の子孫にあたる源通光《みちてる》（久我通光）が久我の名字を名乗るようになった。このように雅実以後、久我庄は子孫によって重要な荘園として位置付けられ、名字の地となったのである。

ここでは、久我庄をはじめとする久我家の荘園（以後、久我家領《こがけりょう》）を取り上げる。中世を通じて多くの公家領が没落していくなか、久我家はどのように荘園を維持したのかについてみていきたい。とりわけ、久我家にとって名字の地である久我庄は、他の久我家領とは異なり、特徴的な支配・経営が行われたことでも知られているので、こうした点にも注目してみたい。

洛南と地方の久我家領

●久我庄

鎌倉時代に七〇を越える荘園によって構成されていた久我家領は、もともと久我家が支配していた「根《こん》本家領《ぽんけりょう》」と、他家からの流入などにより入手したものに大別される。名字の地である久我庄は、根本家領の中でも特に重要なものであったといえよう。これら久我家領の多くは、南北朝時代以降、室町時代にかけて減少し、戦国時代にはごくわずかなものしか残らなくなっていった。そのなかでも、京都近郊の久我家領として維持できたのは、洛南に位置する久我庄・東久世庄《ひがしくぜのしょう》・本久世庄《もとくぜのしょう》であった（図1）。

久我庄は、京都南部の桂川右岸にあたる現・京都市伏見区久我一帯が故地となる。この荘園は、久我庄として把握される一方、その内部には上久我庄や下久我庄のように、さらに小さな枠組みも内包していた。すなわち、久我庄の内部に上と下の区分が存在し、久我家による支配や経営についても、こうした上・下ごとに行われていたのである。この上・下の区分は現在もその名残を確認することができ、当地域の菱妻《ひしづま》神社（京都市伏見区久我石原町）と久我神社（京都市伏見区久我森の宮町）が、それぞれ上と下の鎮守として現存している。久我庄については、後に詳しく紹介することとしたい。

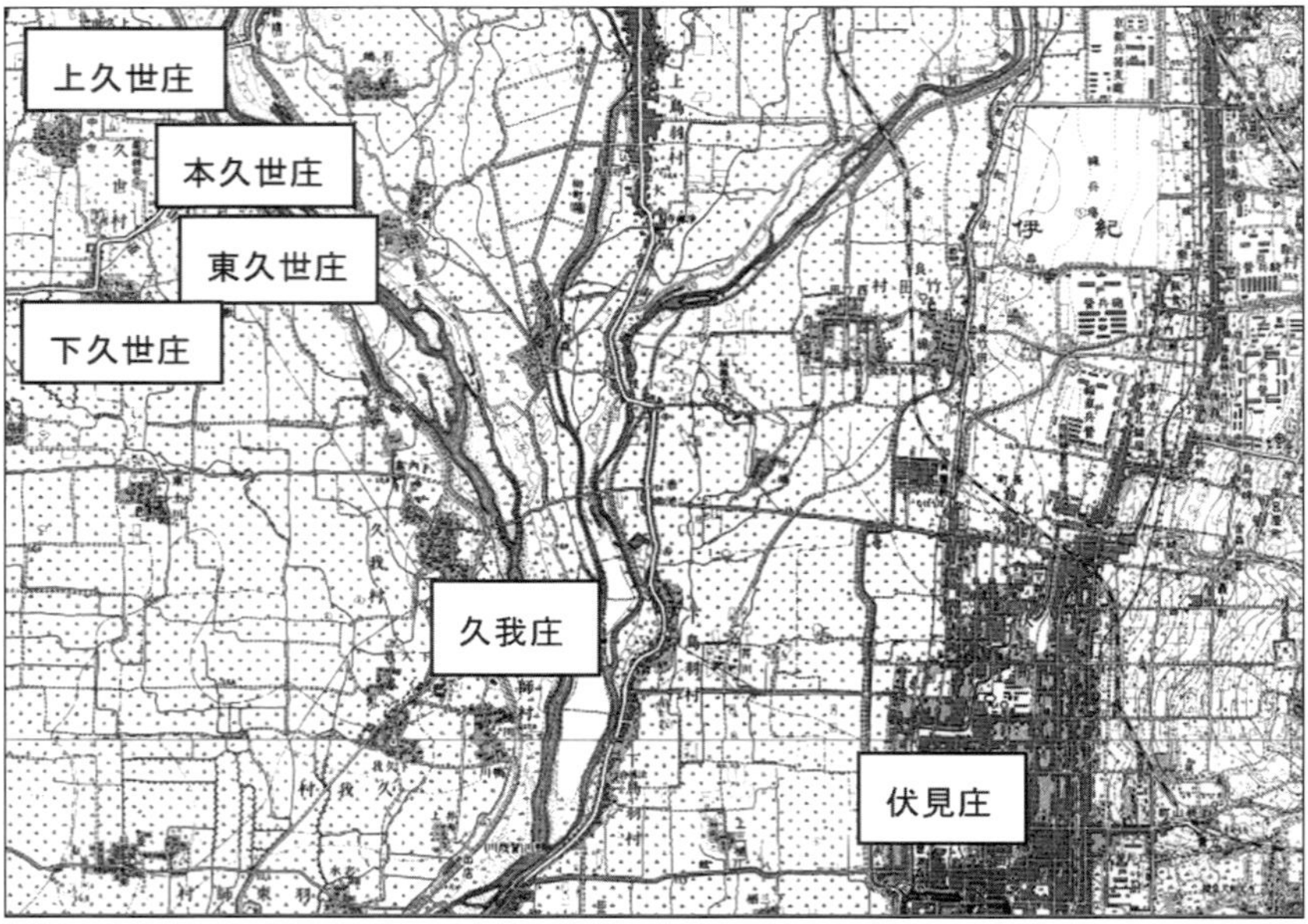

（図1）久我庄と周辺荘園の位置関係（国土地理院地図〈明治四二年測図〉をもとに作成。なお、「今昔マップ on the web」（(C) 谷謙二）を利用した。https://ktgis.net/kjmapw）

●東久世庄・本久世庄

次に東久世庄は、別名・築山庄《つきやまのしょう》といい、現在の京都市南区久世築山町が故地となる。そして本久世庄は、別名・大藪庄《おおやぶのしょう》といい、現在の京都市南区久世大藪町が故地である。これらの荘園は、もともと久世庄として成立したが、後に四つに分割されることとなった。すなわち、上久世庄《かみくぜのしょう》・下久世庄《しもくぜのしょう》・東久世庄・本久世庄である。このうち上久世庄は、鎌倉時代に幕府の北条氏が支配したが、南北朝時代に東寺の支配するところとなった。東寺に伝来した「東寺百合文書《ひゃくごうもんじょ》」（京都府立京都学・歴彩館所蔵）には、上久世庄の支配・経営に関わるものも多く、荘園研究の重要なフィールドとしても著名である。下久世庄は多くの領主によって領有の錯綜する荘園となるも、上久世庄と同様に東寺の支配する範囲が大きかったため、こちらも「東寺百合文書」に多く関連史料が残されている。そして、久世庄のうち久我家領となったのが東久世庄と本久世庄であった。ただ、東久世庄は久我家領として安定せず、他家との争いが続き、戦国時代にかけて幕府関係者らとのトラブルが顕著になっていく（小川　一九八三）。本久世庄については、応永三年（一三九六）に久我家による検注《けんちゅう》（年貢高や納税責任者などの調査）が行われるなど、その支配の様子が断片的にうかがわれるが（「久我家文書」）、詳細についてはわからないことが多い。

●近江国田根庄

久我家領は、地方にも多くの荘園を抱えていた。その多くは、中世を通じて支配が困難となり、久我家の手を離れていったが、支配・経営が戦国時代まで続いたものもあった。

近江国田根庄《たねのしょう》（滋賀県長浜市）（図2）は、久我家の「根本家領」のひとつである。田根庄では、南北朝時代に地頭をはじめとする現地勢力の押領が起こり、内乱期における荘園支配の難しさが顕著となった。

久我家は、地頭ら在地勢力の干渉を排除しきれず、彼らを代官として起用することで、田根庄の経営体系に取り込むこととなった。ところが、現地勢力を代官に起用するリスクも大きく、年貢の抑留をはじめとして、実効支配を強めていく傾向にあった。このような動向に対して、久我家は代官の排除を図りつつ、現地の直接支配を模索するようになる。文明二年（一四七〇）には、代官に起用していた矢野次郎左衛門尉を解任したうえで、久我家の雑掌（現地役人）による直務支配を行うこととした。そして、室町幕府に働きかけた結果、近江守護（当時は京極氏）に対する代官排除の指示も発せられるに至っている。

さらに、長享元年（一四八七）には足利義尚《よしひさ》（第九代将軍）による近江守護六角氏の討伐（第一次六角征伐）が行われ、久我家はその直後に田根庄安堵《あんど》の保障を幕府から獲得している。同様に、足利義材《よしき》（第一〇代将軍）によって行われた第二次六角征伐（一四九一）に際しても、再び幕府からの安堵を得ている。このような六角征伐時の安堵には、「守護押領」の文言が見られ、前提として守護六角氏による押領があったことがわかる（以上、「久我家文書」）。すなわち、一連の久我家による代官排除および直接支配への方針転換は、幕府の政治動向を受けたものであったといえよう。応仁の乱や六角征伐を機に、幕府に対して近江国田根庄の再掌握を働きかける久我家側の努力を背景にみることができる。残念ながら、関連史料も乏しく、その後の経過は明らかではない。幕府の近江守護への強硬な対応を受けて、久我家は荘園支配の強化を模索していた。しか

（図２）田根庄の故地（筆者撮影）

し、幕府内部が混迷を極めていくなかで、田根庄の支配は守護六角氏ら在地勢力に抗することができず、無実化していったということになろう。

●播磨国這田庄

地方の久我家領として、播磨国這田庄《はりまのくにほうだのしょう》（兵庫県西脇市）についてもみておきたい。這田庄は、室町時代に播磨守護の赤松氏の実効支配下に置かれたが、久我家は守護との交渉の結果、庄内の黒田郷（図3）のうち二〇〇石について、直接支配することを赤松氏に認めさせていた。また、室町幕府により赤松氏が討滅を受けた嘉吉《かきつ》の乱（一四四一）に際しては、黒田郷二〇〇石だけでなく、這田庄内の三か郷（黒田郷・東条郷・津万郷《つまごう》）の回復を模索し、幕府関係者へ積極的に働きかけた。しかし、這田庄全域の支配回復は思うように実現しなかったようで、その後も久我家の支配が継続できたのは、件の黒田郷二百石のみであった。しかし、そのわずかな所領も次第に無実化していき、戦国時代には支配の実態が確認できなくなる。

（図3）這田庄黒田郷の故地（筆者撮影）

　その一方、這田庄内の津万郷では、長禄二年（一四五八）から在地勢力の津万氏と交渉しており、代官契約を結んでいたことが確認できる。そして戦国時代になって、東播磨の大きな勢力となっていた別所《べっしょ》氏に対し、久我家は同様に交渉を持ちかけ、別所氏とも津万郷の代官契約を結ぶことに成功している（以上、「久我家文書」）。ここで注目すべきは、代官契約の対象地が「黒田庄内津万郷」とあるように、久我家が固執してきた「這田庄」の名称や枠組みはなくなってしまったことである。久我家が支配回復を図った這田庄は、庄内の黒田郷二〇〇石や、代官契約の実現した津万郷のなど、実態として限られたものであった。どうやら戦国時代に至って、這田庄という夢想を捨て去り、現実的に辛うじてつながりを保持している津万郷こそ、久我家が維持せねばならぬ家領と認識したようである。加えて、這田庄という枠組みはその役割を終えており、黒田郷を核として黒田庄という枠組みが定着していることも、久我家側の認識変化を読み取ることができる。実際、近世初期に久我家が豊臣政権に提出した播磨国内の久我家領の目録に這田庄はなく、津万郷が書き上げられている。久我家の家領に対する認識は、歴史的な由緒よりも、最後まで維持を実現できたことこそ、こだわるべきものとなっていたといえよう。

このように、近江国や播磨国の久我家領についても、戦国期まで家領を維持できるか否かは、やはり守護や在地勢力との代官契約をはじめとする交渉こそが重要であった。残念ながら、ほとんどは失われていくものの、津万郷など稀な事例もあり、戦国時代に至っても地方の所領維持に努力を怠らなかった貴族の姿がうかがえる。その意味でも、直務支配を実現し、戦国時代を乗り越えて支配が維持された洛南の久我庄の特異性が際立ってくる。無論、それは京都との距離的な事情で説明できるものではない。久我家が支配に注力し、その維持のために様々な方法も試みられてきたのである。

久我庄の支配と名

●久我庄の支配体制

中世荘園において、徴税や支配の単位として重要なのが名《みょう》である。久我家も、久我庄をはじめとする洛南の久我家領支配にあたっては、名を通じた支配や経営を行っていた。ここでは、久我庄における名を通じた支配体制について確認しておきたい。

久我庄において、名は久我家による支配体制の根幹となっていた。名には名主《みょうしゅ》が設定され、名を通じた徴税の責任を負っていた。しかし、久我庄では南北朝時代以降、名の内実に様々な変化が生じていたのである。まず、久我庄内の名主が増加し、一つの名に複数の名主が存在するようになっていた。すなわち、これまでのように一つの名に一人の名主を前提とした徴税の基本体制は、そのまま機能しなくなる状態であった。これに対して久我家は、あくまで前代と同様の支配体制の維持を模索し、検注による現地把握を行いつつ、「当名主体制《とうみょうしゅ》」と呼ばれる支配体制を成立させたと評価されてきた（杉山 一九五九）。これは、無数に増加した名主からの徴税も行いつつ、前代までの名に当名主という責任者を設定するものであった。当名主は、責任を負った名について、名主の年貢未納などのトラブルが発生した際、最終責任を負うこととなった。名主の増加などを背景とした徴税や課役の混乱に対し、当名主という現地の責任主体を設けることで、円滑な支配・経営を維持しようとしたと評価されたのである。また、増加した名主についても、実は名からの利益を久我家から給付（免税）された人々であったことも明らかになってきた（岡野 二〇〇二）。すなわち、名の余剰利益増加に伴って、久我家は検注によって利益を把握し、それを久我家に仕える家僕《かぼく》や、現地の名主・百姓らに給付することで、現地支配を強化したとされる。

やや煩雑な説明となったが、久我庄の支配をめぐる議論は先学の成果によって明らかにされてきたところであり、その過程で久我家による不断の努力が浮き彫りとなってきたのである。

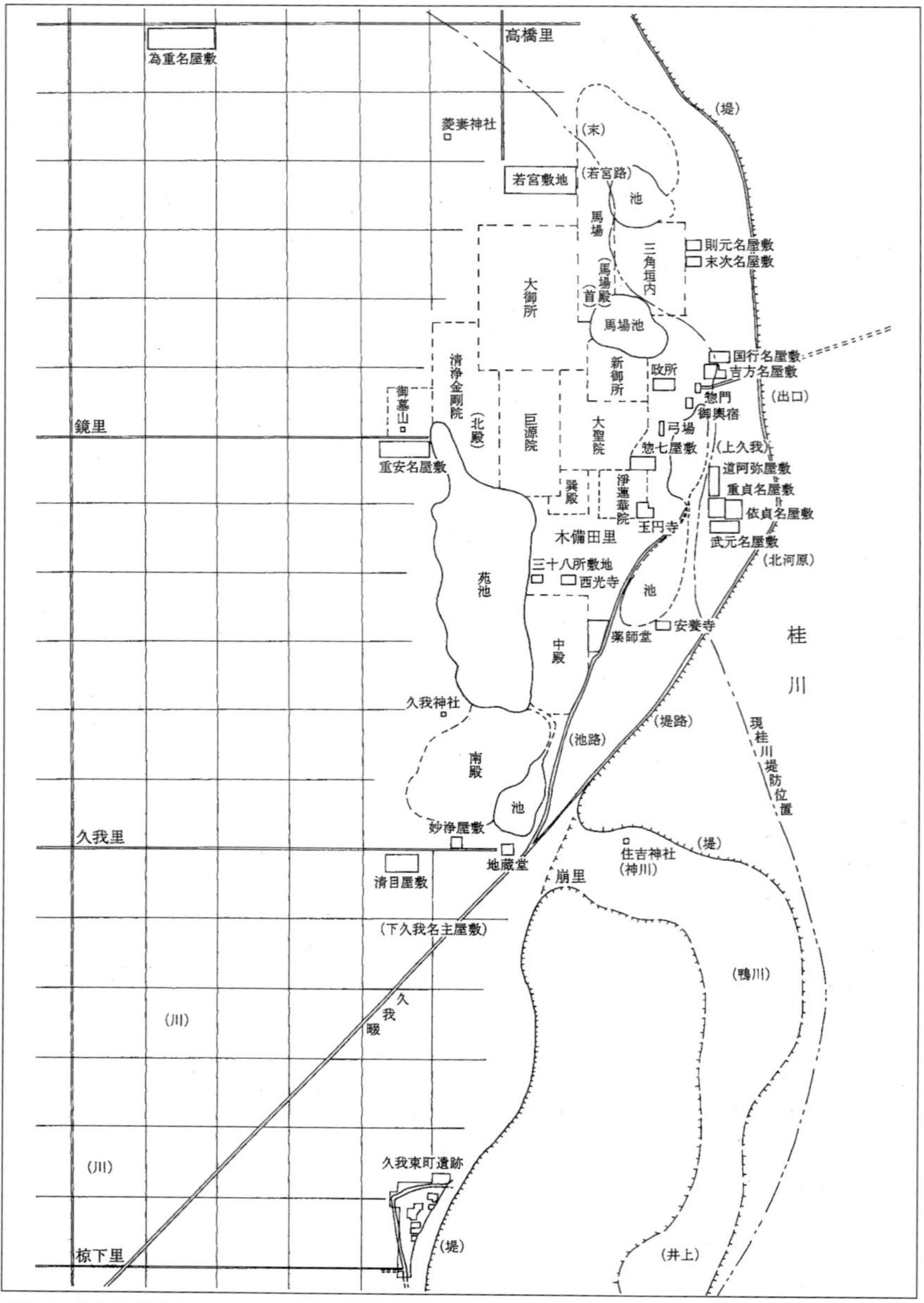

（図4）久我殿推定復原図（長宗 1996 より）

●久我庄の景観

現在の久我の地は、久世工業団地に隣接し、宅地開発も進んだことで、かつての農村の面影はほぼなくなっている。しかし、関連史料の情報や発掘調査の成果などにより、中世の久我庄の景観をうかがうことは可能である。

長宗繁一の復原案によると、久我家が久我庄の上久我に設けた久我殿は、具体的には大御所や新御所などがあり、そのすぐ近くに政所（現地支配の拠点）や寺院などが集中していた（図4）。そして当名主らの名主屋敷は、荘園の東端にあたる桂川の堤に沿って並んでいたようである。これは、桂川の堤沿いの土地が微高地となっており、水害などを前提に集落地として安定したことが想定されている。下久我についても同様に名主屋敷が所在したと考えられるが、その規模や位置関係などわからない点が多い。しかし、久我庄の支配・経営拠点が久我家の御所のあった上久我であったことは明らかである。

一方、耕地となる田畑は、久我庄の西に開けていた。桂川に近い東部に建物が並び、開けた西部が耕地という景観であった。実はその間に位置する場所に「御墓山《みはかやま》」の地名が残る一画がある。ここは久我家の代々の墓地として設定されたようで、久我家の祖である雅実も当地に葬られた。現地には住宅地の隙間にひっそりと「久我大臣之墓」と

（図5）上久我の御所故地（推定）周辺（筆者撮影）

（図6）名主屋敷群の故地（推定）。現在は堤防により隔てられている（筆者撮影）

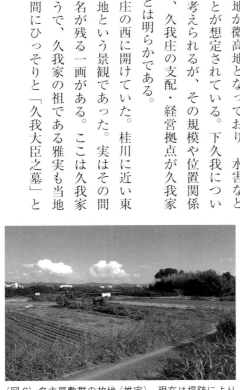

して墓碑が建てられている（明治四五年建立）。

●久我庄の名主座

現在も上久我の菱妻神社（図7）で行われている千種《ちぐさ》祭の前身として注目されるのは、中世に遡る「上久我大明神御神事」であり、この神事に関わる天文一四年（一五四五）の史料が「久我家文書」（國學院大學図書館蔵）に残されている。久我庄のうち、上久我庄を対象としたこの神事では、その運営費用を供出する「御頭田」が設定されていた。「御頭田」は上久我庄の八つの名によって分担されており、名の下には当時の当名主の署名もある。すなわち、則元名（御本所）・重安名（竹内季治）・武元名（竹内一治）・重貞名（小寺秀有）・吉方名（同前）・国行名（小寺吉有）・依貞名（小寺有次）・末次名（斎藤幸辰）である。このうち則元名の「御本所」とは、荘園領主の久我家のことであり、荘園領主として現地の神事運営にも関与していたことがうかがえる。その他の当名主は竹内季治・竹内一治・小寺秀有・小寺吉有・小寺有次・斎藤幸辰の六名であり、このうち小寺秀有は重貞名と吉方名の当名主を兼帯していたようである。これら八つの名は毎年輪番制で頭役《とうやく》（責任者）を務めることとなっていた。

　このような神事の形態は注目される。名ごとに負担が設定され、頭人を名主が輪番で務める神事の形態は、「名主座《みょうしゅざ》」と呼ばれている。ここでいう座とは宮座《みやざ》のことで、地域内の神事運営に関わる特権的な集団をいう。名主座は、宮座を名の代表者が務める点に特徴があり、中国地方に多い宮座の形態であるとさ

（図7）上久我の菱妻神社（筆者撮影）

れる。とりわけ、中世荘園の名に基づく祭祀形態が、近世以降も伝わったものとして注目されてきた。なお、京都を含む山城国地域において、このような名主座の形態を伝えるものは、上久我庄の一例だけとされている（薗部 二〇一一）。これは単に偶然ではあるまい。すなわち、久我家が久我庄で固執した名の維持と、そこから生み出した当名主の体制は、地域内の祭祀形態にも如実に現れており、それは他の京都近郊の荘園の中でも特異なものであったといえる。

●当名主の動向

上久我の神事でも中心的役割を担っていた当名主たちは、具体的にどのような人々であったのだろうか。まずは先述の神事で重安名や武元名の当名主であった竹内氏について確認しておこう。竹内氏は久我家に仕えた家僕のなかでも筆頭の地位にあった。すなわち、久我家に代々仕える家柄であり、もともと久我庄の現地勢力ではなかったのである。そして久我家が当名主体制によって久我庄を支配するようになると、当名主として送り込まれ、次第に現地での影響力を強めていったと考えられる。竹内氏は、久我家による久我庄支配を現地で実質的に統括していたことがうかがわれ、久我家と久我庄をつなぐ重要なキーマンであった。ところが、竹内氏は戦国時代に三好政権や足利義昭《よしあき》へ接近するなど、武家被官としての性格を強めていくことになる。武家被官となった竹内氏は、久我庄内の所領支配を安堵されるようになり、武家としての支配権を確保するようになった。この段階において、竹内氏が当名主として確認できる史料は見られなくなっていく。久我家よりも武家との関係を重視するようになった竹内氏にとって、もはや当名主であることは重要でなくなったのであろう。

一方、神事において複数人が当名主を務めていた小寺氏については、竹内氏とは違う動向を見せている。

小寺氏は久我庄の現地勢力として当名主を務めていたものの、やはり武家と関係を結ぶようになり、守護大名細川氏の被官としても活動するようになった。しかしながら、後には久我家との関係を再構築していく姿勢を見せるようになる。そして小寺氏の他にも、竹村氏や中西氏といった新興勢力が久我家の支配体制下に組み込まれていくこととなった。彼らは、近世初期の久我庄において、久我家の「御侍衆」として編成されるに至っているのである（以上、平生 二〇一九）。先述の竹内氏とは対照的に、当名主として久我家との関係維持を継続した現地勢力は、次代に久我家の侍衆としての地位を確保したといえよう。

むすびにかえて

ここまで、いくつかの久我家領を確認しつつ、とりわけ洛南の久我庄の特徴について注目してきた。最後に、久我庄をめぐる自然災害に触れることで、むすびにかえることとしたい。

近年、日本の農業史や村落史などの諸分野において、気候変動の分析を踏まえた研究が大きな成果を挙げている。たとえば、久我庄の西に位置する上久世庄・下久世庄では、一五世紀前半に桂川で繰り返し発生した水害と旱害《かんがい》を受け、荘民らは耕地開発や用水整備を実施するようになったという（伊藤 二〇一四）。また、久我庄の東に位置する伏見庄についても、同時期に水害や旱害の被害が発生している（『看聞御記』）。

一方、久我庄では水害や旱害を伝える史料はあまり確認できない。しかし、近隣の荘園で極端な自然災害が発生している以上、久我庄だけ被害を受けなかったとは考えられない。そもそも、久我庄は桂川と鴨川の合流点に位置している。近代的な河川整備などされていなかった時代に、頻繁に洪水が襲ったことは想像に難くない。実際、近世・近代の上久我村が頻繁に洪水被害を受けていたという状況も明らかになっており（古島 一九五二）、これは中世に遡っても同様であろう。わずかな情報であるが、近世初期の久我庄において「井料《いりょう》・堤料《つつみりょう》」が免税の対象となっており、用水整備や堤防修築の費用分が捻出されていたことがうかがえる。桂川という大河に沿うように集落を形成していた久我庄では、こうした自然災害と長く向き合ってきた歴史もあったのであり、このことを今一度認識しておく必要があろう。

参考文献

◎伊藤俊一 二〇一四 「応永～寛正年間の水干害と荘園制」海老澤衷・高橋敏子編『中世荘園の環境・構造と地域社会―備中国新見荘をひらく―』勉誠出版

◎岡野友彦 二〇〇二 『中世久我家と久我家領荘園』続群書類従完成会

◎杉山博 一九五九 『庄園解体過程の研究』東京大学出版会

◎薗部寿樹 二〇一一 『中世村落と名主座の研究―村落内身分の地域分布―』高志書院

◎長宗繁一 一九九六 「久我殿」『京都市埋蔵文化財研究所研究紀要』二

◎平生遠 二〇一九 「戦国期京郊公家領荘園にみる社会変容」『市大日本史』二二

◎古島敏雄 一九五二 『寄生地主制の生成と展開―京都府乙訓郡久我村の実証的研究―』岩波書店

◎吉永隆記 二〇二四 「洛南地域における久我家領の変容と地域社会」『令和五年度京都府域の文化資源に関する共同研究会報告書（洛南編）』京都府立京都学・歴彩館

コラム3

淀城と浅井茶々

福田千鶴

「淀殿」「淀君」などの呼び名で知られる浅井《あざい》茶々は、永禄一二年（一五六九）に生まれた。父は近江小谷《おだに》城主の浅井長政、母は織田信長の妹の市《いち》である。天正元年（一五七三）に小谷城が落城し、父が自害した。茶々たち姉妹は、母とともに織田家に戻って過ごしたとされる。ところが、天正一〇年に信長が本能寺に斃《たお》れると、その後に開かれた「清洲会議」で市は柴田勝家に再嫁することになった。茶々も妹二人（初・江）とともに、越前北の庄城に移った。

天正一一年には柴田勝家と羽柴秀吉が対立して賤ヶ岳合戦となり、敗北した勝家は越前北の庄城（福井市）に戻り、天守にあがって火を放ち、妻の市や従者たちとともに命を絶った。三姉妹は城を出され、秀吉のもとに送り届けられた。すると、秀吉が茶々を妻にしたいと望んだので、茶々は決意する。茶々が秀吉に示した条件は、ただ一つ。妹二人を先に嫁がせてほしい、というものだった。

その返事に喜んだ秀吉は、すぐに浅井家との関わりの深い京極高次に初を嫁がせた。高次の母が浅井長政の妹なので、いとこ婚であった。江は知多半島に位置する尾張大野に拠点をおく佐治一成と婚約していたが、秀吉は自分の相婿にはふさわしくないとして離縁させ、甥の羽柴小吉秀勝に嫁がせた。この祝言は天正一三年一〇月一八日にあり、秀吉は坂本から淀に出向いた。つまり、浅井三姉妹は秀吉に保護されたのち、淀城に置かれて暮らしていたとわかる。

このとき、茶々は一七歳。初は一四歳。江は一三歳（いずれも数え年）だった。初は、京極高次の居城である近江大溝城（滋賀県高島市）に、江は羽柴小吉秀勝の居城である近江瀬田城に移ったのだろう。こうして茶々一人が淀城に残り、秀吉と祝言を挙げて妻になった。これにより、茶々は「淀」の号で呼ばれることになる。

天正一一年に秀吉は北国から戻ると、すぐに淀城の普請に取り掛かった。七月二九日付の秀吉書状によれば、淀城の塀覆い百間分を調達するよう指示している。浅野長政・小野木重次・一柳直次らが奉行を担当した。天正一二年になると、秀吉は織田信雄・徳川家康と対峙し、小牧・長久手合戦に突入する。淀には留守居として松岡九郎次郎・小野木重次を置き、倉普請を続けさせた。淀城は京都と大坂とをつなぐ結節点であり、交通や物流の要衝として重要な地であった。よって、茶々を置く目的ばかりで普請をしたわけではないだろうが、その重要な拠点に、秀吉は妻の一人として茶々を置いていたのである。

ところで、豊臣期の淀城は、現在の京阪本線淀駅に隣接する淀城跡とは別の場所にあった。現在の京都府京都市伏見区納所町のあたりで、妙教寺（法華宗）の境内に「史跡　淀古城址」と刻まれた石碑がある。「この所は戦国時代の始め、細川管領家が築城し、薬師寺与一、岩成左通、淀君らの居城となった淀古城の址である」との意が刻まれている。その同じ面の左側には、慶応四年（一八六八）「戊辰役砲弾貫通跡」とも刻まれているので、近代になってから建てられた石塔である（図1）。

宝暦三年（一七五三）頃に成立した『淀古今眞佐子《よどここんまさご》』によれば、淀小橋より直進して半町（約五〇メートル）ばかり行くと、右にみえる「厨子」のあるところが「城の内入口」で、さらに行き当たりまで行くとまた右に「厨子」があり、その右手に「城の内道」があり、「城の内」に入る道はいずれも「細川」へとぶつかり、丸太や古板などを渡して往来する、との説明がある。

淀小橋がかかっていた宇治川は、現在ではすべて埋められてしまい、景観がまったく変わっているが、当時の絵図などから復元すると、豊臣期の淀城は桂川と宇治川に挟まれた合流地点の一角に位置し、北と西を桂川、南を宇治川、東を宇治川の支流で囲まれた天然の要害だったと考えられる。

天正一七年一月からは拡張普請が開始され、秀吉の実弟である豊臣秀長がその奉行となった。秀吉も二月六日から二九日まで淀に滞在して、普請の指示を出す念の入れようであった。この頃、茶々は第一子を懐妊していた。

（図1）「史跡 淀古城址」と刻まれた石碑（筆者撮影）

そして、天正一七年五月二七日に、待望の男児が生まれた。鶴松と名づけられた。三〇日には朝廷から淀に使者が派遣され、鶴松に対して禁裏（後陽成帝）から産着、酒肴、女御（近衛前子）から呉服三重・樽が贈られ、茶々に対しては生絹二重・茶の子・帯・板の物などが贈られた。六月一五日には本願寺門跡一行が淀に出向き、秀吉と鶴松に対面している。よって、鶴松の誕生地が淀城だったことは確実である。

鶴松は天正一七年八月二三日に淀城を出て、大坂城に居を移した。本丸に入ったとみられる。入れ替わりに、本丸にいた「北政所」こと浅野寧が京都聚楽城《じゅらくじょう》に移った。つまり、鶴松の生母である茶々が、大坂城の女主人となったのである。以後、茶々は「淀」の号とともに、「大坂」の号でも呼ばれるようになる。

天正一八年になると、秀吉は小田原出

コラム 3

兵を開始する。そのため、秀吉の家族は京都の聚楽城に集められた。二月八日に秀吉は鶴松を伴って大坂を出発し、茶々は翌日の上洛となったが、三人は淀城に逗留して数日を過ごしている。一一日には秀吉のみが上洛し、茶々と鶴松は一三日に上洛して聚楽城に入った。

三月一日に秀吉は小田原に向けて京都を出発した。秀吉は途中、茶々を小田原に呼び寄せた。その際の書状には、「淀の女房衆」「淀の五お」とあるが、茶々の小田原滞在中の様子を伝えた秀吉書状では「大坂殿も久しく」と記しており、両様で呼ばれていた。小田原城が開城すると、すぐに茶々は京都に戻り、鶴松と聚楽城で過ごした。

天正一九年七月一七日に、秀吉は鶴松を大坂城に戻す予定で、途中の淀城に逗留した。そこに寧が大病を患っていると連絡があり、秀吉は鶴松を残して京都に戻った。二七日には再び淀に下向したが、すぐに京都に戻ったようで、八月一日には京都で公家たちから礼を受けた。すると、その翌日、今度は鶴松が病気との知らせが届き、ただちに淀に下った。四日より鶴松は危篤状態となり、翌五日淀城に没した。数えの三歳だった。

秀吉の愁傷ぶりは目も当てられないほどだったという。七日に京都妙心寺での葬儀を終えると、秀吉はそのまま有馬に湯治に出かけた。茶々の消息はつかめないが、おそらく大坂城に戻ったのだろう。死穢の場所となった淀城を秀吉は廃城としたからである。

なお、淀城が本格的に破却されたのは、文禄三年（一五九四）に伏見城の普請が開始されたことを契機とした。この時、天守・本丸・二の丸が破却された。ただし、奥座敷・風呂屋・肴部屋・小台所・納戸・一五畳の座敷・馬屋二つ・二の間の中二階の矢倉と廊下は取り壊しが保留されていた。つまり、奥御殿であるが、鶴松の死後に茶々が淀城に立ち寄ったという記録はない。

茶々は秀吉が朝鮮出兵のために肥前名護屋（佐賀県唐津市）に在陣すると、これに同行して名護屋に赴いた。そこで再び懐妊して大坂城に戻ると、「大坂二の丸様」と呼ばれるようになる。また、秀吉が伏見城に拠点を移し、茶々も第二子の秀頼とともに伏見城西の丸に居を移すと、「西の丸様」と呼ばれた。

このように、茶々の呼び名はその居所に因んで様々だった。にもかかわらず、なぜ「淀」が茶々に固有の号とされ、江戸時代に「淀殿」「淀君」として定着していったのだろうか。それは、やはり秀吉の妻として最初に与えられた城が淀城だったことが大きいのだろう。

とはいえ、江戸時代には、そうした真の意味は忘れ去られた。地位を妻から妾へ落とされ、豊臣家を亡ぼした悪女として、「淀殿」「淀君」の悪名とともに、茶々の負のイメージが定着していくことになる。

参考文献

◎福田千鶴　二〇〇七『淀殿—われ太閤の妻となりて—』ミネルヴァ書房

御所に勤める村の神主、非蔵人・村・公家の交流
―近世の築山村と吉祥院村―

東　昇

はじめに

近世の京都において、洛中の周縁部にあたる洛外の京郊村落は、藩領国や非領国地帯と比較して独自の特徴を持つ地域といえる。本章では洛南に位置する桂川両岸の築山村・吉祥院村（図1）を対象とし、それぞれの神社（菱妻《ひしづま》神社・吉祥院天満宮）の史料を通じて、京郊村落の特徴の一つである神主・神社と御所・公家・村との交流の実態を明らかにする。

今回対象とする史料は、神主家の文書である。①築山村文書（現・京都市南区久世築山町）は、近世築山村の菱妻神社神主片岡家所蔵の一四五六点で、特に、一八世紀前期～中期に非蔵人《ひくろうど》を務めていた片岡家の日記は、御所や公家との関係、神社の祭礼や村の寄合などが詳細に判明する重要な史料といえる。戦後、東京大学史料編纂所などの機関によって調査されているが、今回は平成二七年（二〇一五）以降、地元

において この築山村文書の翻刻・分析・研究を進める、築山村文書研究会と協力・連携し分析した。②吉祥院天満宮文書（現・京都市南区吉祥院政所町）は、近世吉祥院村の吉祥院天満宮所蔵の一二五点で、神主石井氏による元禄～明治期の神社文書であり、嘉永～安政期の日記がまとまって残されている。

本章では、まず一八世紀中期、築山村の菱妻神社神主である片岡家が、朝廷・御所において非蔵人として勤番し、どのような生活を送っていたのかを明らかにする。つぎに吉祥院村の吉祥院天満宮が、相給領主や公家、村内および周辺町村とどのように交流していたのか紹介する。

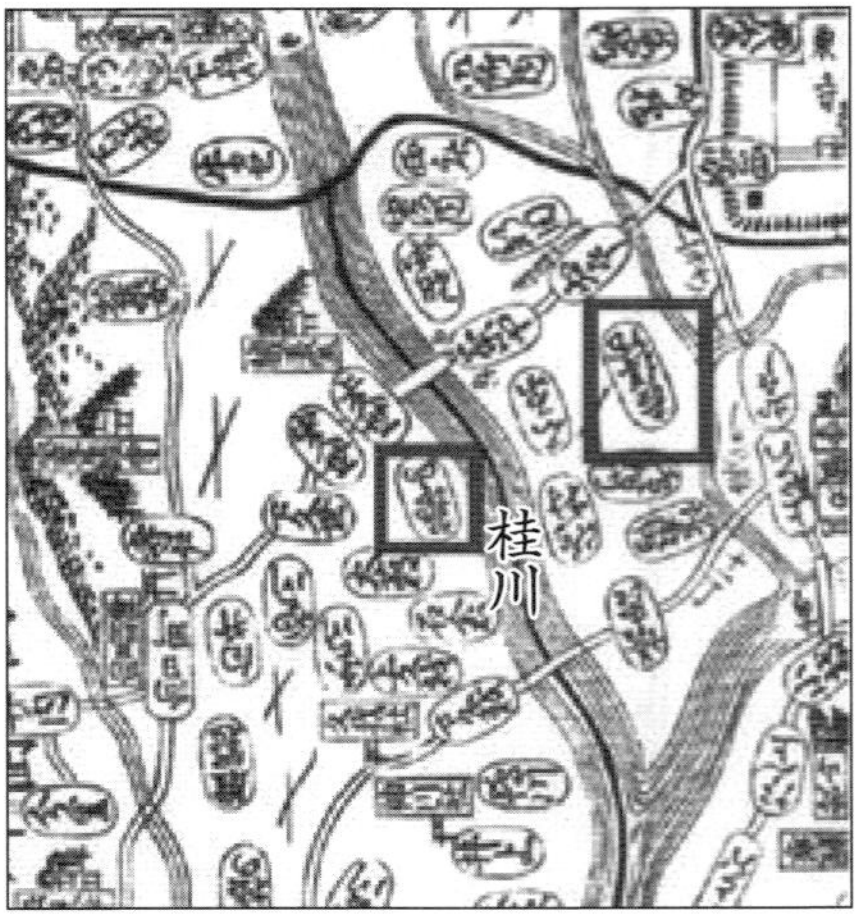

（図１）築山村と吉祥院村の位置（慶応元年（1865）『山城国全図』『新撰京都叢書』2、臨川書店、1987年をもとに作図）

菱妻神社神主片岡家と非蔵人

●片岡家と親類

築山村の片岡家は、出自を清和源氏とし、中世において久我《こが》家領東久世荘の公文《くもん》であったと考えられ、近世には築山村菱妻神社神主であり、一八世紀前・中期には朝廷の非蔵人を務めた。片岡家の出自・縁戚は非蔵人時代に記された「祓川《はらいがわ》備中由緒書」（築山村文書Ｍ（一）八）から判明する。この由緒書は、年未詳であるが祓川備中＝片岡親芳が作成したと考えられる。備中は非蔵人として宝永六～享保一一年（一七〇九〜一七二六）に出仕し、嫡子祓川日向が享保二年に非蔵人となっていることから、享保二〜一一年頃の内容と思われる。この由緒書では、片岡家は鎮守府将軍源満政の末裔を称している。歴代の縁戚・仕官先は、「系図之写」（築山M（一）一二）とあわせてみると、つぎのように判明する。

①為東（親芳祖父）、妻：九条殿諸大夫山本美作守娘
②東光（親芳父）、妻：禁裏非蔵人稲荷社司祓川美濃介娘
③親芳、非蔵人、妻：日光御門跡仕官安田信濃娘
④内記（親芳弟）、養子：日光准三宮《じゅんさんぐう》家司安田信濃源義貞
⑤左内（親芳弟）、仕官：山科毘沙門堂御門跡隠居（公弁法親王）
⑥日向（親芳嫡男）、祓川家相続
⑦数馬（親芳息子）、非蔵人、養子：松室伊賀方

これらの縁戚関係において、妻や養子先には九条家や日光門跡の諸大夫・家司が多く見られた。特に、妻の実家である日光門跡の安田家、非蔵人稲荷社家の祓川家へ養子に入る例があった。このように、京郊村落の神主家の縁戚は、天皇をとりまく公家や門跡、寺社の諸大夫・家司層ともつながりを持ち、そこから朝廷との接点が作られ、新たな関係を築いていった。

●片岡家の非蔵人

一八世紀に片岡家が務めた非蔵人とは、賀茂・松尾・稲荷をはじめとする畿内諸社の社家から任用され

る職であり、身分は無位であったが六位に准じている。慶長一一年（一六〇六）に四家によって再興され、その後増加し幕末には六十数家が存在した。非蔵人には若干の家禄が支給され、一家一名の出務を原則とし、「備中」「近江」などの国名を通称とした。職掌としては、宮中に交代勤番し、宿直にあたり、殿内の掃除や摂家・親王・大臣の迎送、殿上人の陪膳、公用記録の筆記、その他、殿上で雑務に従事していた。片岡家では、非蔵人家として、親芳を中心につぎの三家五人に展開し、名跡を相続した。

祓川家―稲荷社社家

①祓川備中秦親芳、祓川佐渡親賀猶子、甥、母祓川美濃介娘、祓川佐渡家中絶のため相続、宝永六年（一七〇九）七月二七日出仕四三歳、享保一一年五七歳没

②祓川日向秦親航、備中親芳男、享保二年一二月二八日出仕一八歳

松室家―松尾月読社社家

③松室越前秦重建、祓川備中親芳弟、享保元年二月一四日出仕、霊元院

④松室近江秦光品、祓川備中親芳二男、正徳五年（一七一五）六月二七日出仕一四歳

藤野井家―稲荷社社家（大西→藤野井に改名）

⑤藤野井遠江春原成允、祓川備中親芳三男、享保三年二

（図2）内拝殿：伏見稲荷大社（黒川翠山撮影写真資料763、京都府立京都学・歴彩館所蔵）

月二五日出仕一五歳

親芳の母が祓川美濃介の娘であったことを契機に、親芳およびその家族はいずれも稲荷社（図2）や松尾月読社の社家と縁戚関係を結び、または養子となり、本人と弟・息子三人が非蔵人になった。時期も宝永六年から享保三年と一〇年間という短期間に三家を相続している。

非蔵人祓川日向の御所の勤番

●小番の再編、職務内容

それでは、祓川親芳の息子である日向親航の、元文二年（一七三七）「日次記」（築山村文書N（二）一二）から、非蔵人の勤番の実態についてみていきたい。まず、非蔵人は小番という集団で行動している。八月二一日に仕丁より呼び出しがあり、八月二三日から小番の勤めに就き、初番の受け渡しに出ている。

小番編成（結改）は二二人×三番編成で合計六六人で、これに番代八人、見習一人、計七五人の名前が記される。各組は端六・奥八・内々外様八人と均等に配分されていた。

（図3）中御門天皇像　櫛笥隆成筆（東京大学史料編纂所所蔵肖像画模本）

この端・奥は詰所のことで端詰・奥詰と分けられ、祓川日向は端に所属する。編成の最後に「但し後院の輩は召し加えられ、これに依る也」とあり、四か月前の四月一一日中御門《なかみかど》上皇（図3）崩御のため、非番となった非蔵人が再編成されていた。「端」番の取締・指示者として、祓川日向親航、細川長門貴常、松本丹波為胤、藤野井隠岐則成、鴨脚《いちょう》播磨能光、岩橋出羽元古の六人がおり、一～三番へ各二名ずつ配置され、端一八人のまとめ役的な存在であったと考えられる。非蔵人全体を統括するのは奉行で、公家の高倉前中納言永房と梅園左兵衛督久季が隔月で月番として担当していた。

続いて非蔵人の小番の規則である「言渡」が出され、つぎの九項目が示される。その内容は、①火の用心、②人数が増加したが懈怠《けたい》なく参勤、③帳場の掃除を入念に、④車寄～御詰廊下を毎朝掃除、⑤内々外様は昼夜四人詰、「理」（休暇）・「無人」（人手が足りないことか）の場合は加番、⑥端は昼夜三人詰、理・無人の場合は加番、⑦番頭の理、昼夜番頭の加番、⑧役人・近習へ御方迎《おかたむかえ》（婚姻）・文使等、内々外様へ依頼禁止、⑨高声雑談は禁止、酒は三献に限定、である。内容別にまとめると、①③④業務の基礎、②⑤⑥⑦昼夜の詰人数や理の際の加番など勤務交代、⑧⑨勤務態度とされる。このうち、②は中御門上皇崩御による非蔵人の再編成に伴うものと思われる。この規則は盛量・相用・正致から内々外様・端衆中宛に出されているが、三人はいずれも端であり各番の最初に登場しているため、「番」のまとめ役の「番頭」と考えられる。⑤⑥に内々外様と端が言及されているように、奥は別の区分であった可能性がある。

勤務間隔は、一日目に参勤し、二日目に渡（交替）で三日目は休日という流れであった。規則の⑥にあるように端のなかで昼夜三人が詰め、理や無人の場合はいずれかが加番に入ると決まっていた。⑤⑥⑦でも記される理の休暇願をみていくと、宛先が小番頭衆中と奉行の二か所であるため、小番頭が奥書し奉行に提出した。

●非蔵人の仕事

つぎに非蔵人の具体的な仕事をみていきたい。親航は「日次記」に様々な儀式の流れを詳細に記録しており、諸儀式の様子やそこでの非蔵人の仕事を把握することができる。八月二九日、右大臣一条兼香が関白、氏長者《うじのちょうじゃ》となり、牛車兵仗等の宣下があった。この日は他に一条右大将道香、清閑寺宰相秀定の右大将・宰相の奏慶があった。続いて、中御門上皇の諒闇《りょうあん》のため「関白殿・右大将殿・清閑寺殿」の儀式を密かに行い、非蔵人が勤める前駆・後役の人数が通常より減らされた（図4）。

一〇月二二日には、徳川将軍家の若君竹千代（後の一〇代将軍徳川家治）誕生の祝儀として、関東からの使である堀川兵部大輔《ひょうぶたゆう》広益朝臣《あそん》（高家）・土岐《とき》丹波守頼稔《よりよし》朝臣（京都所司代）が参内した。大樹《たいじゅ》公（徳川家重）より真御太刀吉真一腰・御馬代銀五〇両一匹・錦五〇〇把他の多くの品が献上された。その後、午刻清涼殿へ天皇が出御し、大樹公名代、大納言名代、竹千代の御礼を堀川が述べた。そして、巳後刻に議定所で関白が関東使に謁見している。このとき御用のため、堂上近習衆はすべて参内し、内々外様は前番の者も残っていた。また、

（図4）御所：『都百景』（貴 T83、京都府立京都学・歴彩館所蔵）

（図5）紫宸殿：御所古写真（黒川翠山撮影写真資料 847、京都府立京都学・歴彩館所蔵）

今回は献上物が多いことから卯半刻と早い時刻の参勤が指示されている（図5）。

一〇月二六日、関東使の持参した献上品の一統への拝領が行われた。巳刻に惣詰し、非蔵人本番六六人へ白銀一枚・綿一把ずつ、番代見習一〇人へ白銀一枚ずつ分配されたが、非蔵人隠居・上北面隠居には拝領がなかった。そして、伝奏・議奏衆へ番頭三人が御礼を申し上げた。このような家禄以外の拝領物については、幕末から明治期の事例であるが、五八年間で計五六二両余であったと指摘されている。

親航の生活と周辺

●宿、下人・家来

築山村の菱妻神社神主である祓川親航は、普段は京の宿に滞在し、祭礼などの際に一時的に村へ帰る二重生活を送っていた。京の宿は、室町通仲立売上ル丁東側、山本道福の家に下宿していた。この場所は、御所の中立売門の西にあたり、御所に近く参勤しやすい。八月二一日の記事に松尾・久我の五人が洪水により不参とあることから、他の非蔵人は在地から出勤する場合もあったことがわかる。他方、親航のように京と在地の二重生活者も多かったと考えられる。

また、京の宿には家来がおり、一〇月八日宗門改帳の清書で、家来男女各一名いずれも浄土真宗と届けている。同日、帯刀の家来がいれば提出するよう指示があった。親航は、村方より書付を出していたが、非蔵人中の様子をみるため、まずは一人分を提出した。祓川日向の帯刀家来として、築山村住居の岩井武右衛門には用事の際に帯刀させており、京都町奉行所や京都代官所にも村方から書付を提出している。

一〇月一三日には、村の者は帯刀書付の提出は不要との指示があったが、親航はこのような「クラキ事」はできず、存在している者をいないという虚偽申請はできないと述べた。その結果、築山村住居の岩井嘉右衛門・岩井武右衛門・相賀茂右衛門・岡田茂兵衛・糟谷半平の五人が、代々家来筋で帯刀していると届けた。宛先・奥書は番頭の吉見三河・松尾豊前・佐々土佐とあり、奉行高倉・梅園の雑掌中へ提出している。

また、先代の祓川親芳の時期には、享保五年一〇月久世の渡の築山村船株書上に、備中家来水呑百姓支配として六兵衛・武右衛門・半平・久兵衛の四人の名が記される。このうち武右衛門・半平は先にみた帯刀人と同一人とみられる。以上から、親航は在所の氏神の神主として、村人を帯刀人として認定しており、稲荷・下鴨・松尾社などの大社出身の非蔵人とは違い、非蔵人の立場が村内においても有効に機能していた。

●在所への帰宅、祭礼・村勘定

この在所とのつきあいは日記にもしばしば登場する。一一月八日在所へ帰り、庄右衛門と夜叉《やしゃ》講の相談を行い、九日には神社の御火焼《ひたき》神供を行った（図6）。このとき、宮年寄は参らず、神楽は川嶋村河内の娘に依頼した。家内での祝義として、「鱠《なます》大根・胡麻、煮物芋・大根、汁細々、焼物はも、香の物、小豆

（図6）築山の菱妻神社（筆者撮影）

餅、酒・肴蛸」、と祭礼の献立が詳細に判明する。その夜、三左衛門に対して京都で教えていた東軍流《とうぐんりゅう》兵法に門弟が入門したことを話した。一〇日には村から泉涌寺へ参り、狩衣を着て参堂し御廟御位牌を奉拝し、その後、室町の宿へ帰った。これも中御門上皇の月命日である一一日に近く、上皇に関する参拝であったと考えられる。この三日間の行動も、先述した休日と勤務交代を依頼して対応したものである。

閏一一月一六日は、吉祥院の茶屋で雨が降り傘を借用したことから西国街道を通って村勘定のため帰村している。帰村後、早速勘定を頼みたいと話があり、権兵衛宅で庄屋・年寄が立会、記帳を行った。一七日も引き続き権兵衛宅へ勘定に行き、一八日井関・川方・村方の勘定が終わり、いずれも深夜に帰宅している。二〇日には京の室町へ帰っており、この時、一六日は早出、一七、一九、二〇日は休日、一八日は親教に勤務の交代を依頼した。

●非蔵人の武術と文芸

最後に、武術・文芸関係の活動を紹介する。先述した三左衛門に話した東軍流門弟とは、一一月七日に家伝の東軍流兵法の相伝を熟望し誓約した、村田斎宮・山本順正・志賀孫介である。一一月二九日には同じ非蔵人の松室駿河重賀も入門しており、その日の夜に重賀亭へ立寄り稽古をしている。閏一一月一三日には大賀肥後宗豊が入門を希望し詳細を尋ね、親航は誓約案文等を遣わし稽古で伝受すると伝えた。親航は家伝の武術東軍流を非蔵人へ教える師範でもあった。

一一月二二日には、在所の南兵左衛門から松之賀祝義として「松延齢友」という題の歌を依頼された。点取の詠歌一首を短尺に認め、千種《ちぐさ》中納言有敬卿の染筆短尺である「古今和歌集」賀部の「千とせのさかもこえぬつらなり」の歌を送る。和歌を嗜み、御所に出入りして千種家の短冊を依頼・入手できる立場にあり、村の有力者層からも文化的な役割を担う人物として期待されていたことがわかる。また、一一月二八日、閏一一月二日には、今町にて縫殿の浄瑠璃《じょうるり》、閏一一月には同じ今町にて大和大夫の浄瑠璃を聞くとあり、当時の芸能にも触れていた。そして、閏一一月二〇日は、難波殿より案内状があり、蹴鞠《けまり》の門弟として絹戻《きぬもどり》衣・白葛袴・藍白地革の衣装許可の免状を拝領している（図7）。

このように、祓川日向親航は、在地の神主、御所の非蔵人、京の住人として、武術・和歌・浄瑠璃・蹴鞠など様々な文芸に触れ、武術を指南する文人としての側面もあったと考えられる。ただし、一八世紀後期以降、片岡家は非蔵人に出仕しておらず、朝廷との関係も永続的なものではなかった。このような関係は、片岡家の当主の志向に加えて、各時代の縁戚関係などの影響を受けて変化していった。

（図7）蹴鞠（黒川翠山撮影写真資料1354、京都府立京都学・歴彩館所蔵）

吉祥院天満宮と公家・村

●吉祥院村と天満宮

吉祥院村の氏神である吉祥院天満宮は、近世を通じて社領となる朱印地が存在せず、氏子は吉祥院村のみであった（図8）。吉祥院村は、村高一八五〇石で六〇を超える公家・寺社領主が存在した相給村落である。家数は一四〇軒（文化一一年（一八一四））あり、近世は東条《ひがしんじょう》・西条《にしんじょう》・北条《きたんじょう》・政所・野里、新田村、小島村の集落が存在した。この集落は、吉祥院天満宮を中心に、東西南北の地区に分かれ、東条、西条、北条、南条《みなみんじょう》と称し、菅原道真の家臣が代々村の有力者となった、との伝承がある。

古代、吉祥院に菅原道真の聖廟が作られ吉祥院天満宮へと発展し、菅原氏の氏長者になったものは、北野と吉祥院に拝礼するほどの権勢を有していた。後述する吉祥院天満宮の修理に伴う文化一一年の由緒によると、室町期の将軍足利尊氏の時に朱印（社領）の寄付があり、天正一八年（一五九〇）の豊臣秀吉による朱印地の収公により衰退した。その結果、僧坊等も散失して祠官家のみ残り、吉祥院天女別当職を兼務するに至ったと記されている。嘉永二年（一八四九）九月「吉祥院天女天満宮畧縁記《てんにょてんまんぐうりゃくえんぎ》」（吉祥院天満宮文書K四）によると、足利将軍から朱印高七〇〇石と八講料三〇〇石を拝領したとある。文化一一年の由緒には、寛延年中（一七四八～一七五一）に公廷へ訴え許可を取り、再建を始めたが費用が膨大となり中止した、とある。このように、朱印地＝社領を持つ寺社と違い、吉祥院天満宮の場合、修理費は氏子である村人を中心とした寄進によってまかなう必要があった。

（図8）現在の吉祥院天満宮（筆者撮影）

●吉祥院天満宮と公家・菅家

吉祥院村には、数石から数十石の所領を持つ公家・寺院の領主が多く存在した。また、西院《さいいん》村の一七七給、壬生《みぶ》村の七三給について相給数が多いが、それは天正一九年の豊臣秀吉による洛中地子免除による替地が吉祥院・西院村に与えられたことによる。吉祥院村の領主は、明治初年の「旧高旧領取調帳」によると、公家・寺社・武家をあわせて六四給であった。

これらの領主の中でも、長く関係の続く公家とのつきあいが判明する。嘉永六年（一八五三）の神主石原筆と考えられる「日記」（吉祥院天満宮文書Ｄ二〇）によって、正月から菅原道真の命日にあたる二月二五日までの二か月分をみていきたい。まず正月六日一条様より初穂金五疋が到来した。五摂家である一条家は二二九石と二番目に多い所領高を持つ領主である。正月一二日には京都へ年礼に行っている。訪問先は、一条・桂・日野（所領高三〇四石、以下同）・烏丸（一八石）・勧修寺（二七石）・菅家六家・正親町（四二石）・今城（五石）と、吉祥院村に領地を持つ公家と菅家一族の公家である。菅家一族六家は、菅原氏を祖とする、高辻・五条・東坊城・唐橋・清岡・桑原家である。このうち、吉祥院村に所領を持つのは、高辻家（一一石）のみである。また、五条家は吉祥院天満宮の執奏をしており、他に

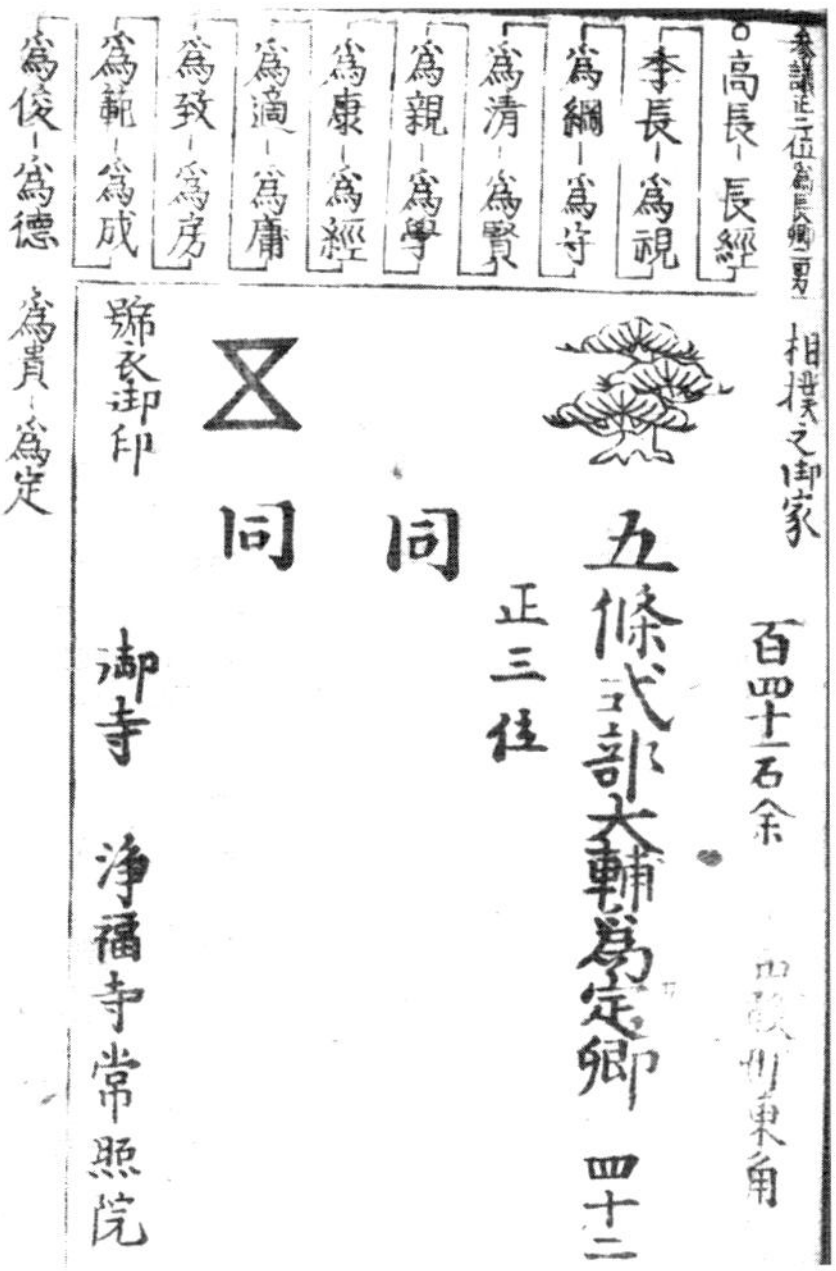

（図９）執奏五条家　弘化２年（1845）（『雲上明覧大全』、『日本古典籍データセット』国文研等所蔵、提供：人文学オープンデータ共同利用センター）

醍醐の長尾天満宮の執奏も務めた（図9）。菅家のなかでは高辻家が大坂天満宮・筑紫安楽寺の執奏となり、菅家公家は菅原氏関連の寺社とつながりを持った。

正月二五日には恒例の御所方、村方より神供があり、日野・烏丸・勧修寺・高辻・五条・東坊城家と菅家公家の名前がみえる。正月二八日には五条家の御児様の見舞、二月一八日には五条家へ猶子願に参殿している。二三日にも五条家へ行き、御礼のため殿様・御児様と対面し、祝酒を振る舞われている。その後、東坊城家にも御礼に行くが、大納言が所労のため若殿が対面し、扇子を下賜された。二月二四日、天堂において松老懺法《せんぼう》執行が、本国寺から僧と仏具一式を借りて実施された。そこには五条・東坊城家が輿や供侍を連れて参列し、膳が供され、合計四〇人と大規模なものであった。二五日の菅原道真の命日には、八講が執行され山門の僧衆四人が訪れ、高辻・唐橋家が参列している。二四日と同様に膳が供された。二六日は八講のため、日野・勧修寺・五条・東坊城・高辻家へ御膳を遣わしている。

吉祥院天満宮の神主家は、この時期、相給領主である一条家や日野家をはじめ、菅家六家とよばれる菅原氏の一族である公家と頻繁に交流している。特に、道真の命日である二五日に実施する神供・松老懺法・八講を中心に、公家は神社へ参詣し、神主は公家邸に参殿していた。また、吉祥院天満宮の執奏を務める五条家とは、猶子願などを通じて密接な関係を築いていたといえる。

●天満宮九〇〇年御忌における村と公家の寄付

吉祥院天満宮は、北野天神社と同様に、菅原道真の五〇年ごとの神忌では各集団の助力・勧化を依頼している。八五〇年忌の宝暦二年七月には加賀前田家に助力を求めたが不調に終わった（「加州金沢日雑録」吉祥院天満宮文書D六）。つぎの九〇〇年忌の享和二年（一八〇二）「天満宮九百年御忌記録」（吉祥院天満宮文書D一一）によれば、領主や菅家公家、村人、周辺村落から数多くの寄進が集められていた。まず、二月二日に神主石原から京都町奉行に願書が出され、天満宮では九〇〇年忌として二月一六から二五日に万燈会《まんとうえ》を執行し、社内に仮屋を建築したい、と願い出ている。そして、天満宮神主は氏子中と連名で「吉祥院天満宮九百年御忌寄進帳」を作成した。寄進帳には、まず天満宮は昔菅祖清公卿の領知であり、朱雀天皇四年に聖廟を安置し神霊を祭り、それから九〇〇年目の御忌であるとの由緒が記されている。その後、施主の官録福徳・寿命長久・子孫繁昌を祈願し、灯明への寄進を依頼している。特徴的なのは、菅原道真にちなみ詩歌や連歌等の奉納も含まれている点である。

　続いて寄付者が相給領主、村方、周辺村町と列記される。まず、相給領主の半分程度の三一家が書きあげられる。寄進額は一〇〇疋が多く、銀や銭など様々である。一条・宝慈院・旗本河野吉次郎の庄屋は安田源右衛門が「取次」とあり、各庄屋が関係する領主に寄進を依頼したことがわかる。また、菅家公家のうち、東坊城家を除く高辻（相給領主でもある）・五条・清岡・唐橋・桑原と五家が寄進している。特に執奏の五条家は、上記の他に摂心院（徳子）、五条侍従の名前がみえる。

　また、詩歌寄付が一八人あり、内菅家は九人で、執奏家の五条為徳・五条徳子は題者であった（表1）。この他、唐橋

（表１）享和２年（1802）900 年御忌詩歌寄付者（享和２年「天満宮九百年御忌記録」（吉祥院天満宮文書 D11））

	姓名	分類
1	芝山前中納言持豊卿	勧修寺家
2	芝山宮内大輔國豊朝臣	勧修寺家
3	唐橋侍従在経朝臣	菅家
4	唐橋前宰相在熈卿	菅家
5	清岡式部権大輔長親卿	菅家
6	桑原勘解由長官為弘卿	菅家
7	桑原大学頭次為顕朝臣	菅家
8	五条式部大輔為徳卿	菅家
9	五条摂心院徳子	菅家
10	高辻少納言俊長朝臣	菅家
11	高辻前大納言胤長卿	菅家
12	千種三位有條卿	源家
13	伏原二位宣光卿	清家
14	園大納言基理卿	中御門家
15	六角少将和通卿	中御門家
16	若江左馬頭長公朝臣	伏見宮
17	若江越後権介公義	伏見宮
18	高橋准二郎世篤	

在経・唐橋在熈、清岡長親、桑原為弘・桑原為顕、高辻俊長・高辻胤長と、東坊城家を除く菅家公家の親子・家族の奉納が続く。その他、芝山、千種・伏原・園・六角・若江・高橋家と、詩歌寄付を行ったのはほぼ公家といえる。若江家の二名は菅原在公を祖とする公家と伏見宮付殿上人で、やはり菅原氏である。

つぎに、村内の各集落からは、東条方四五、北条方二八、野里町一四、西条方二八、政所町八、計一二三件の寄進があったことが確認できる。文化一一年の全戸数一四〇軒に近いことから、村内各戸から寄進されたことがわかる。また「諸方附込」として、二九九件の寄進先が記されている。八条・西塩小路・石原・大藪・牛ヶ瀬・上久我・下久我・寺戸・下久世村といった周辺村落や、大宮の石橋町、中ノ町などの洛中・周辺の町、さらには鳥羽新田や伏見、三条の町人などの個人から寄進を受けている。また、若中や大宮の丹羽門弟中といった集団から寄進が寄せられていた。これにより、村内だけでなく、周辺村町の多様な集団や個人の信仰があったことがうかがえる。

この後、文化一一年夏、吉祥院天満宮大聖堂の修復に際して、木版の印刷物を作成し広く勧進が求められた。この時の開帳や寄付の記録が、文化一一年三月「吉祥天女開帳諸控」（吉祥院天満宮文書D一三）や、文化一二年九月「聖堂再建寄付物請取控」（吉祥院天満宮文書E五）として残されている。

このように社領などの経済基盤を持たない吉祥院天満宮は、五〇年に一度の年忌に行われる大規模な万燈会において、相給領主、菅家公家、村内の氏子、周辺村町の多様な集団や個人から寄進を受けていたことが判明した。また、八五〇年忌には北野天神社にならい、菅原を氏とする加賀藩前田家に助力を試みるなど積極的に活動を展開しており、吉祥院天満宮の資金収集における多様な関係性をうかがい知ることができる。

おわりに

本章では、近世洛南の京郊村落である桂川両岸の築山村および吉祥院村の神社（菱妻神社・吉祥院天満宮）を中心に、近世の神社と御所・公家・村とのつながりを分析し、京郊村落の実態・特徴を明らかにした。

まず、一八世紀中期における築山村の菱妻神社神主片岡家の朝廷での非蔵人としての活動や公家および在地との関係を検討した。片岡家の縁戚は、天皇をとりまく公家・門跡・寺社の諸大夫・家司層ともつながりを持ち、朝廷との接点ともなり得る存在であった。また、非蔵人の小番を基にした組織、規則、業務の詳細が判明した。一方で、片岡家が村の神主・村人として祭礼や村勘定に参加する姿、さらには京の住人として武術・和歌・浄瑠璃・蹴鞠といった様々な文芸に親しみ、東軍流兵法を教える文人として活動していたことも確認できる。このように、片岡家は在地の神主、御所の非蔵人、京の文人と様々な属性を持っていた。

つぎに、吉祥院天満宮は、相給領主や菅家公家との間で、神供や松老儀法など公家による神社参詣、神主による公家邸参殿、猶子願といった密接な関係を築いていた。また、菅原道真の五〇年ごとの年忌に際しては、九〇〇年忌に、各相給庄屋を取次として領主や菅家公家、周辺村町へ寄進を依頼したことが確認されている。このように、朱印地・所領といった経済基盤を持たない吉祥院天満宮は、資金収集において多様な関係性を駆使し神社を維持していたことが判明した。

吉祥院天満宮が所在する吉祥院村は、都市京都に隣接する村落である。この立地と神社の由緒を活かし、吉祥院天満宮は都市に居住する相給領主や菅家公家、町人と密接に交流し、信仰と資金を獲得していた。

また、天満宮としては同じ天神信仰である北野天神社や二十五天神という競合者が存在した一方で、天神信仰の流行に支えられていたと考えられる。その一例として、菅原道真の八五〇年忌に、北野天神社を参考にして菅原氏の縁を活かし、加賀前田家との接触を試みたことが挙げられる。

また、非蔵人は、賀茂・松尾・稲荷を中心とした社家から選ばれ、これまでの研究もこれら大社出身者に限られていた。今回分析した築山村は桂川中流域の乙訓郡に位置し京都に隣接していないうえに、大社の社領でもない。その築山村にある菱妻神社神主片岡家は、親類関係を通じて稲荷社社家を相続する形で、六〇年間に五人の非蔵人を輩出したという特殊事例である。片岡家は、非蔵人と菱妻神社神主という二つの身分を兼帯しつつ、朝廷と在地との関係を持続した。しかし、一八世紀後期に非蔵人を交代し、元の菱妻神社神主の身分となった。このような朝廷との一時的かつ非連続な関係やその影響についての視点も京都近郊村落研究において重要であると考える。

近世京都近郊村落の特徴とは、領主や由緒に関わる人々や集団との多様なつながりを複数持ち、それぞれの案件に応じて接点を切り替え、臨機応変に対応する生き方にある。また、複数の身分を兼帯する多属性を持つことも特徴の一つである。それは単純に「領主・領民」という一元的な関係ではなく、多面的で複線的な経路を築いていたことを示している。このような特徴は、各地の城下町や都市近郊村落との共通点や相違点を比較することで、より明らかになると考える。

謝辞：築山村文書研究会の植松迪夫氏および美早氏には、長年の研究成果である『築山村文書を読み解く　築山村の歴史と菱妻神社』をご提供いただき、さらに文書の全体概要、各日記の特徴、画像や翻刻に関するご教示とご提供など、本研究に対して多大なご協力を賜りました。ここに深く感謝申し上げます。

参考文献

◎上田長生　二〇〇四「史料紹介「吉祥院村庄屋文書」」『研究紀要』九　世界人権問題研究センター
◎植松迪夫　二〇二一『築山村文書を読み解く　築山村の歴史と菱妻神社』　植松迪夫
◎尾脇秀和　二〇二〇『近世社会と壱人両名』　吉川弘文館
◎久我文書研究会編　一九六六『山城国乙訓郡築山村文書史料目録』
◎杉山博　一九五九『庄園解体過程の研究』東京大学出版会
◎武部敏夫「非蔵人」『国史大辞典』　吉川弘文館　ジャパンナレッジ版
◎羽倉敬尚編　一九三五『非蔵人文書』　羽倉敬尚
◎廣庭基介　二〇〇二「江戸時代非蔵人の考察」『花園史学』二三

（史料）
◎吉祥院天満宮文書（京都市歴史資料館紙焼）
◎築山村文書（築山村文書研究会提供、京都市歴史資料館紙焼）
◎京都府立総合資料館歴史資料課「京都府域関係古文書所在情報の一整理　近世領主並びに近世村町別閲覧可能関連文書一覧―山城編―」『京都府立総合資料館紀要』二九、二〇〇一
◎「旧高旧領取調帳データベース」国立歴史民俗博物館
◎宮内省図書寮編『桜町天皇実録』二巻（東京大学史料編纂所、近世編年データベース）
◎『史料京都の歴史』一三南区　平凡社　一九九二
◎元文二年『万世雲上明鑑』、享和二年『万世雲上明鑑』、嘉永六年『雲上明覧大全』（深井雅海・藤實久美子編『近世公家名鑑編年集成』四・一一・一九　柊風舎　二〇〇九～一一）

近世石清水放生会の再興
―奮闘する公家―

林　奈緒子

はじめに

石清水放生会《いわしみずほうじょうえ》は、現在では石清水祭の名称で毎年九月一五日に行われている祭祀である（図１）。その起源は平安時代に遡るが、戦乱により中世に途絶した。その後およそ二〇〇年の中絶期間を経て近世に再興されるのだが、一度途絶えてしまったものを復活させるのはそう簡単なことではない。

同じように中世に途絶えた朝廷祭祀は多く、近世の朝廷ではそれらの再興が目指された。しかし再興するには、まず幕府の許可および経済的支援が必須であった。そして許可・資金の獲得という第一

（図１）石清水祭での放生行事。左下は参列者が放生川で放魚を行う様子、安居橋では大祓詞が奉唱されている（筆者撮影）

関門を突破しても、次にどうやって再興するかという第二関門が立ちはだかった。

幸いなことに石清水放生会の場合、実施にあたって中心的な役割を果たした二人の公家の記録、「石清水放生会奉行之私記《ぶぎょうのしき》」（庭田重条《にわたしげえだ》の記録、宮内庁書陵部所蔵）と「放生会愚記《ぐき》」（勧修寺経慶《かじゅうじつねよし》（経敬《つねよし》）の記録、京都大学文学部所蔵）が残されており、彼らが第二関門をどうクリアしたかを知ることができる。

以下、本章では近世に実現した石清水放生会の再興において、公家がいかに奮闘したかを紹介したい。

朝廷祭祀としての石清水放生会

●平安時代の石清水放生会

再興について語る前に、まず中絶前の石清水放生会について述べておこう。石清水放生会は、石清水八幡宮一社主催の祭祀として、貞観《じょうがん》二年（八六〇）の創建後間もない時期に成立したとされる。清和天皇の即位を背景に、造営には木工《もく》寮官人が関与した石清水八幡宮は、当初から強い公的性格を有していた。それゆえ石清水八幡宮で行われる祭祀にも、次第に朝廷の関与が強まっていった。応和元年（九六一）の石清水放生会には、当時の村上天皇の中宮藤原安子が、幣帛《へいはく》・音楽・走馬《はしりうま》を奉納している。円融天皇の天延二年（九七四）には、以降の石清水放生会において①節会《せちえ》（天皇の出御を伴う公的な宴会）に准じて雅楽寮が供奉《ぐぶ》すること、②左右馬寮が毎年交互に馬を出し十列《とつら》（競馬）を行うこと、③十列の騎手は左右近衛府から毎年交互に出すことが、恒例として定められた。そして延久二年（一〇七〇）、後三条天皇のときに朝廷祭祀として成立することになる。

【史料二】『朝野群載』巻一二

天皇加詔旨止、掛畏支、石清水尓御坐世留、八幡大菩薩乃広前尓、恐見恐見毛申給倍止申久、去延久二年与利始天、納言、参議、弁、外記、史、諸衛等乎差定弖、放生会尓行幸乃儀乃如仁令供奉免、兼又前後当日、相并三个日、放生乃事乎、令行給比、宇都乃御幣乎内蔵助姓名乎差使弖、奉出給布事遠、掛畏支大菩薩、平久安久聞食天、天皇朝廷乎宝位無動久、常磐堅磐尓、夜守昼守尓、護幸給比、天下国家乎毛、無事久無故久、慎助給倍止、恐見恐見毛申給波久止申、

右は、石清水放生会で神前に供えられる宣命《せんみょう》である。ここに、朝廷祭祀としての石清水放生会の特徴が端的に表されている。それは、㋐納言《なごん》・参議・弁・外記《げき》・史・諸衛等からなる勅使団が派遣され、神幸において行幸と同様に行列に供奉する、㋑内蔵《くら》寮から幣帛が出される、㋒右の宣命は当日奏聞《そうもん》を経て宣命使により石清水八幡宮にもたらされ、神前に奉納される、というものである。

また石清水放生会の具体的な様子（次第）は、仁安《にんあん》三年（一一六八）の貴族の日記（『兵範記』）によれば以下のとおりである。

勅使団は前日（陰暦八月一四日）のうちに石清水八幡宮に到着し、高坊《たかぼう》に滞在する（図2参照）。一五日未明に山上の本殿で神霊が御輿に移されるが、このとき乱声《らんじょう》（笛・太鼓・鉦鼓による曲。主に舞楽で舞人が登場する際に演奏された）が演奏されるので、その音を合図に勅使団は準備を始める。高坊を出発し北の鳥居（一ノ鳥居）、北門を通って下院に入ると、廻廊に沿って西に進み、下院の北西に建つ極楽寺の堂に着座する。勅使団は、神輿が下りてくるまで、ここで官人たちの準備を確認しながら待機する。神輿は山

麓に到着すると、南の鳥居（二ノ鳥居）近くに臨時に設けられた絹屋殿《きぬやでん》に一旦安置される。神輿の到着が確認できると、勅使団は極楽寺を出て絹屋殿に向かう。そして、神輿が絹屋殿から下院の神殿まで移動する行列に、行幸のときのように供奉するのである。神霊が神殿に移され、空の御輿が御輿宿に収納されると、勅使団は極楽寺堂上の座に着き、以降終了まで着座したままである。この後、神事・仏事・神賑《かみにぎわい》行事が行われる。まず奉幣《ほうべい》があり、内蔵寮官人が持ってきた幣帛を、宮人（神主）が神霊に奉納する。次に左右馬寮による神馬の牽廻《ひきまわ》しと近衛官人による駈馬《かけうま》がある。続いて八幡宮の神官らにより、楽・舞・供物が奉納される。その後、放生の儀式を含む仏事が行われるが、これら八

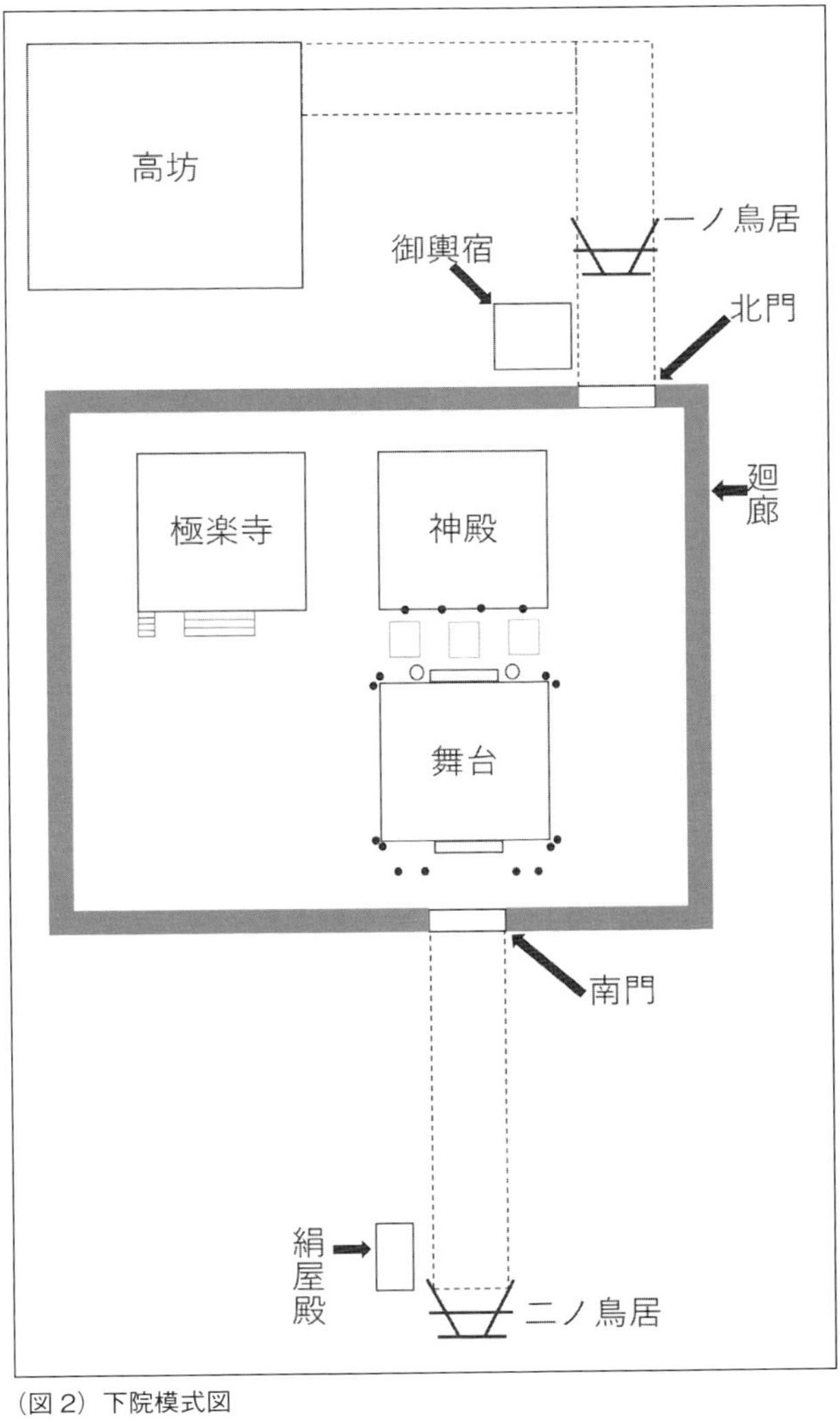

（図 2）下院模式図

幡宮側の行事には勅使団は関与しない。仏事の後に、勅楽《ちょくがく》と近衛の舞が奉納される。最後に相撲と舞をもって下院での儀式は終了し、勅使団は神霊を乗せた神輿が山上の本殿に還幸するのを見送る。仁安三年の事例では降雨のために南門を出ることができず、門の手前で磬折《けいせつ》（九〇度の深いお辞儀）をしているが、本来は南の鳥居の下で行うものだったようである（ただし、文永八年（一二七一）の記録では、鳥居まで行かずに南門の外で磬折するのが近例となっていた）。そして勅使団は、来たときと同じ経路を通って、宿所である高坊に戻る。なお、宣命使は当日内裏での宣命奏聞を終えてから出発するため、八幡宮への到着時刻は定められておらず、神霊が下院に滞在している間に宣命をもたらすこととなっていた。

●室町幕府将軍と石清水放生会

朝廷祭祀として盛大に執り行われた石清水放生会であったが、一三世紀末より穢などが要因で頻繁に延引《えんいん》するようになる。表1に示したように、三〇年の間に実に九回もの延引が生じている。さらに一四世紀になると、今度は神人《じにん》の強訴《ごうそ》等が原因となってたびたび延引するようになった。神人とは、

（表1）13世紀末～14世紀初にかけての延引状況

正応五年（1292）	宮中の穢により延引	9月に追行
永仁四年（1296）	東寺の穢により延引	9月に追行
永仁五年（1297）	天変により延引	9月に追行
正安元年（1299）	護国寺の穢気により延引	9月に追行
嘉元二年（1304）	後深草法皇の崩御により延引	
	大山崎神人の閉籠により再度延引	12月に追行
嘉元四年（1306）	将軍久明親王御息所薨去により延引	9月に追行
延慶三年（1310）	舞人の不参により延引	9月に追行
元応二年（1320）	神人・祢宜の訴訟等により延引	12月に追行

神社に仕える下級神職や寄人《よりうど》を指す。彼らは八幡宮に関する相論が起きると、自らの要求・主張を通すために、御輿を下院へ動かす、さらには入洛させるといった強訴を行った。前に述べたとおり、石清水放生会では御輿が重要な役割を担う。神人たちは、自らの要求を通しやすくするため、戦略的に石清水放生会の時期を選んで強訴を行ったのである。

このように滞りがちだった石清水放生会だが、室町幕府三代将軍足利義満のときに転機を迎える。明徳四年（一三九三）、当時左大臣の地位にあった義満が、放生会の参向上卿を務めたのである（大臣上卿。上卿とは朝儀・公事を奉行する公卿のトップを指す）。何故武家のトップが朝廷祭祀に参加したのか、その理由は定かではない。しかし、①石清水八幡宮が清和源氏の氏神的存在であったから、②義満の生母が石清水別当検校《けんぎょう》の娘だったから、③石清水八幡宮の神人や社僧を懐柔したかったから、といったものが動機になったと考えられている。さらに、義満はこの前年に南北朝の合一を成功させていることから、従来儀礼を担っていた朝廷・公家の優位に立ち、武家中心の儀礼的世界を作ろうとしていた、との指摘もある。例えば、武家が上卿を務めた先例がなかったため、義満は複数の公家に命じて自分のための次第を作らせている。しかもその内容はかなり独自色の強いものであった。

その特徴の一つは、義満が高坊ではなく生母の実家である善法寺《ぜんぽうじ》を使用し、

(図3)下院から善法寺にかけて(右側が北の方角)(京都府立京都学・歴彩館所蔵「石清水八幡宮全図」京の記憶アーカイブより、一部加工)

その善法寺から下院までに、盛大な行列が編成されたことである。善法寺は下院の南約一キロメートルの場所にあり（図3参照）、義満はその道のりを、殿上前駆《てんじょうぜんく》二〇人、地下《じげ》前駆一〇人、衛府《えふ》侍《さむらい》一五人、檳《び》榔毛《ろうげ》車に乗った扈従公卿《こじゅうくぎょう》等を従え、自らも檳榔毛車に乗って移動した。

二つ目の特徴は、上卿である義満自らが奉幣の儀を行ったことである。前節で見たように、平安時代においては宮人（神主）が内蔵寮官人から幣帛を受け取り、神前に奉納していた。義満が奉幣の儀をどの程度まで自らの手で行ったか、史料から読み取ることは難しい。奉納そのものは、俗別当が行ったとも考えられる。しかし神殿の前にわざわざ高麗畳《こうらいだたみ》の「奉幣座」を準備させ、地下四位が義満に幣帛を伝献している点（左大史小槻兼治《おづきのかねはる》の記録「兼治宿祢《すくね》記」による）を考慮すると、奉幣の儀のかなりの部分に関与したと推定できる。さらにこのときの幣帛については、同行した大外記《だいげき》清原良賢《きよはらのよしかた》の記録「良賢真人《まひと》記」に「私《し》幣《へい》」と表現されている。本来は内蔵寮からの幣帛を奉納することで天皇の関与を示すものであるから、この「私幣」が「将軍足利義満の個人的な幣帛」という意味合いを持つならば、この年の石清水放生会は「朝廷祭祀」というより「将軍祭祀」とでもいうべき性格のものだったかもしれない。なお、「朝廷祭祀」と対比するならば「幕府祭祀」という呼称が妥当であろうが、行列の人員からもうかがえるように、幕府としての要素はきわめて薄いため、ここでは「将軍祭祀」と呼称する。

三つ目の特徴は、奉幣の儀が終わると上卿が直ちに退出してしまったことである。神馬の牽廻しや駈馬が行われたという記録も、宣命使の描写もない。このように朝廷からも諸行事が催されず、将軍義満が奉幣するための祭祀のような様相を呈していた点も、「将軍祭祀」の可能性をうかがわせる。

この後の石清水放生会には、四代将軍義持《よしもち》が三回（応永一九（一四一二）・二四・二六年）、六代将軍義教《よしのり》が一回（永享《えいきょう》一〇年（一四三八））、八代将軍義政《よしまさ》が一回（寛正《かんしょう》六年（一四六五））、大臣上卿として参向している。義持は、義満と異なり平安時代の次第に準拠しつつも、動員する人員等により武家の儀礼としての性格を強く出したことが指摘されている。一方、義教は義満の次第を忠実に踏襲したようである。義政の事例については、詳細な記録が残っていない。このように、すべての将軍が大臣上卿を務めたわけではないが、もしもこのまま室町幕府が安定して存続していたら、石清水放生会は「朝廷祭祀」から「将軍祭祀」へと変容していたかもしれない。

しかし、義政の参向から二年後、京都は応仁の乱により戦場となり、公家・武家共に石清水放生会を執行するどころではなくなってしまう。そして乱が終結した後も再開されることはなかった。ただ朝廷からは、放生会の執行を石清水八幡宮に委託する旨の御教書《みぎょうしょ》が発行され、形の上では朝廷祭祀の体裁がとられていた。しかしそれも文明一六年（一四八四）を最後に行われなくなり、石清水放生会は再び石清水八幡宮一社主催の祭祀となったのである。

再興と奮闘

●再興の経緯

最後の上卿参向からおよそ二〇〇年が経過した延宝《えんぽう》六年（一六七八）、石清水放生会に対して江戸幕府から一〇〇石の助成金が下されることとなった。八幡宮の祭祀としての放生会は一五世紀以降も執り行われていたのだが、「近年微力に依り放生会執行勤め難し」（「江戸幕府日記」）という状況になってきたことから、八幡宮の社務田中要清《ようせい》らが幕府に請願したのである。この経緯が示しているように、助成金は八幡宮の祭祀としての石清水放生会に対するものだった。しかし、この情報を入手した朝廷は不快感を示した。田中要清から何の相談もなかったうえに、請願の中に朝廷祭祀としての石清水放生会の再興が含まれていなかったからである。

【史料二】「石清水放生会奉行之私記」延宝七年七月二四日条

一、被申云、放生会之事、去年自江戸下行百石被出之了、又上卿已下参向之事、田中不申一往之儀直申江戸之条、無調法之至也、上卿已下参向之事、自此方御沙汰之重事也、然ヲ無奏聞江戸向さへ済候得ハ無子細之由存之、如此就者、上卿已下参向之事、不　奏聞之間、仮令自公儀下行被出候共参向之事御沙汰有間敷之由申渡之了、然共再興珍重之由思食之故、此度江戸へ被仰遣、上卿参向已下之事相済了、且放生会下行加増有之、三百石被出之云々、

右の記事は、武家伝奏花山院定誠《ぶけてんそうかざのいんさだまさ》が、放生会奉行に任じられた庭田重条に、放生会再興の経緯を語ったものである。ここに見えるように、当初は「たとえ幕府が資金を出したとしても、朝廷は上卿参向等の祭祀の再興は行わない」と幕府に伝達している。しかし時の天皇である霊元《れいげん》天皇が再興について「珍《ちん》重《ちょう》（再興はめでたいことである）」との考えを示したため、一転、上卿参向等の再興が企図されたのである。

残念ながら、延宝六年六月に明正《めいしょう》天皇（霊元天皇の異母姉）の母であり徳川秀忠の娘である東福門院《とうふくもんいん》（徳川和子《まさこ》）が死去してしまったため、諒闇《りょうあん》に入った朝廷はこの年の再興を見送らざるを得なかった。そして翌年、ついに朝廷祭祀としての石清水放生会が再興されることとなり、幕府からは朝廷への三〇〇

石の下行《げぎょう》に加え、再興放生会に勤仕《ごんじ》する公家らに対して、六六石一斗が役料として支給されることとなった。このような幕府の態度をみると、放生会の再興に対して消極的であったという印象は持ちえない。【史料二】も、朝廷に対し放生会を再興しないかと幕府から打診があったようにも読み取れる。しかし、幕府側の明確な意図を確認できる史料に出会えていないため、あくまでも推測の域を出ない。ともあれ、延宝七年八月、およそ二〇〇年ぶりに石清水放生会が朝廷祭祀として執行されることとなったのである。

さて冒頭でも述べたように、資金さえあれば祭祀の再興は成功するかと言えば、答は否である。祭祀や儀式には、決められた手順や所作といったものが存在する。放生会に勤仕することになった公家たちは、前提となるこれらの知識を把握していなければならなかった。

そしてここで、一つ重大な問題が発生する。石清水放生会には、次第書《しだいしょ》がなかったのである。正確には、一つは存在していた。明徳四年に足利義満が上卿を務めるに際して作らせた大臣上卿の次第である。しかし前にも述べたように、この次第は義満の意図に従い、「将軍祭祀」へと改変されたものであった。ゆえに、参考にはなっても、この次第に則って祭祀を進める、というわけにはいかなかった。

平安時代の石清水放生会に次第書がなかったのには理由がある。年中行事が盛んだった平安時代には、祭祀等の次第を間違いなく行えるよう、詳細な次第を記した儀式書《ぎしきしょ》が多く作られた。「西宮記《さいきゅうき》」（源高明《みなもとのたかあきら》著、一〇世紀半ば頃成立）や「北山抄《ほくざんしょう》」（藤原公任《ふじわらのきんとう》著、一一世紀前半頃成立）、「江家次第《ごうけしだい》」（大江匡房《おおえのまさふさ》著、一二世紀初め頃成立）などである。これらは祭祀・儀式を担う平安貴族たちの間で重宝され、写本も多く作られた。その結果、現代にも様々な系統の写本となって伝えられている。これに対して、朝廷祭祀としての石清水放生会の成立は延久二年（一〇七〇）である。これ以前に成立している「西宮記」や「北山抄」にはもちろん、「江家次第」にも収録されていなかった。
再興放生会への勤仕を命じられた公家たちは、そもそも朝廷祭祀としての石清水放生会がどのように行われていたのか、それを調べるところから始めなければならなかったのである。以下、冒頭で紹介した二人の公家の記録から、その大変さをのぞいてみよう。

●庭田重条の場合

一人目の庭田重条は、このとき二九歳。頭《とうの》右《う》中将《ちゅうじょう》であった。延宝七年七月二一日、重条は霊元天皇より、「放生会奉行」の役を拝命した。これは、放生会を完遂するために関係各所とやりとりする役どころである。内裏で役目を仰せつかった重条は、退出したその足で右大臣一条内房《いちじょううちふさ》（冬経《ふゆつね》、晩年の名は兼輝《かねてる》）の屋敷を訪ねた。

【史料三】「石清水放生会奉行之私記」延宝七年七月二一日条

次参右府、放生会奉行被仰出畏存之由申上之処、幸運之由仰也、放生会中絶年久之上、重条旧記所持無之、事々未練不勘之間、万事可遂有上之間頼上之由申上之、有御受得之由御返答之上、近日以異体可参之由被仰之、少々御勘可被下之儀等頼上了、

重条が内房に要望したのは、「放生会はずいぶん前に中絶しており、その上自分は旧記を所持していない。いろいろと未熟であるから、どうかお力添えをお願いしたい」ということだった。次第書がなかった石清水放生会の詳細を知るために重宝されたのが、「旧記」（中世以前の貴族の日記等、古記録類のこと）

であった。この古記録を豊富に所持していたのが摂家（摂政・関白およびその前職としての左右大臣・太政大臣に就任する家、近衛家・九条家・二条家・一条家・鷹司家があった）であったことから、重条はこのように協力を求めたのである。内房はこれを了承している。

二二日、重条は八幡宮伝奏である広橋貞光《ひろはしさだみつ》の屋敷を訪ね、自らが放生会奉行に任じられたことを報告した。八幡宮伝奏とは寺社伝奏の一つで、石清水八幡宮と朝廷のやりとりを仲介する職である。放生会の再興に伴い、八幡宮とやりとりする場面も当然生じることから、報告を兼ねた挨拶である。生憎、貞光が所労のため面会できなかったが、八幡宮との交渉にあたるメッセンジャーとして、広橋家の家礼《けらい》である速水《はやみ》安益《やすます》と河端景慶《かわばたかげよし》を紹介されている。以降、重条が八幡宮に下知《げち》する案件や、逆に八幡宮から得たい情報などは、この二人を介して伝達がなされ、早速翌二三日には彼らを通じて八幡宮への質問を提出している。

さて、重条の記録には、久しぶりの放生会をめぐる、いくつもの混乱が記されている。その一つ、役料をめぐる混乱についてみてみよう。二四日、重条は武家伝奏花山院定誠から、再興放生会に対する幕府からの資金援助について聞かされた（「再興の経緯」参照）。その際見せられた書付《かきつけ》には、参向上卿は七石、参向参議は五石など、放生会のすべての役とそれに対する役料が記されていた。これを受け取り、一旦は相違ないと武家伝奏に報告し

（図４）下院の風景（『石清水八幡宮放生会絵巻』乾巻、交野市提供、江戸時代後期頃）

た重条だったが、二六日になって、出納役《すいとうやく》が漏れていることに気がついた。出納とは、蔵人所《くろうどどころ》の物品の出し入れ等を担う職で、放生会では殿上で宣命を奏聞する際に敷く畳を準備する役どころであった。

　江戸時代、公家や地下官人は、儀式で役目を担うごとに幕府から役料を支払われており、こうした役料は彼らにとって重要な収入源の一つであった。重条から指摘を受けた定誠だったが、「役とそれに対する役料は、摂家方《せっけがた》が天皇の御前で定めたものである。京都所司代にも脱漏はないと伝えてしまっているから、今更修正はできない」と述べ、「今年は「御奉公」で勤仕し、役料がないという訴訟は来年申し立てるよう出納に伝えてくれ」と重条に言い渡している。つまり、この年の放生会に勤仕した出納は、無償労働、ボランティアだったのである。

　もう一つ混乱を紹介しよう。宣命使と幣帛を持参する使者についての混乱である。事の発端は、御前《ごぜん》定《さだめ》において幣帛を準備（し持参）する者と宣命使はどちらも内蔵助《くらのすけ》が務めると決められたところにある。しかし実は、当時内蔵助は一人しかいなかった。さらに、宣命使は内蔵寮官人が務めることから、平安時代より「内蔵（寮）使」と称されていた。これを受けた重条が、外記局《げききょく》と弁官局《べんかんきょく》に宣命使の先例について尋ねる際に「内蔵使」と表記してしまったことが誤解を招いた。回答する側の両局は「内蔵使」＝官幣持参の使者と解釈してしまったのである。しかも先例といったところで、石清水放生会に近年の事例はない。両局は春日祭の事例を引き、「春日祭では官幣を調進する人と「内蔵使」（官幣を持参する使者）は同一人物であるから、放生会も同様でよいのではないか」と重条に進言した。重条も混乱していたらしく、「先例があるならばそうしよう」と一度は納得してしまった。しかしよく考えてみると、官幣持参の使者は一四日に、宣命使は一五日に八幡宮へ向かう使者で、同一人物が務めるなど不可能である。誤解に気づいた重条はまず武家伝奏の定誠に相談し、外記を呼んで確認、その上で摂家、すなわち関白鷹司房輔《たかつかさふさすけ》・左大臣近衛基熙《このえもとひろ》・右大臣一条内房それぞれの屋敷に赴き、「内蔵助は一人しかいなかったので、官幣調進の役は別の者をあて、宣命使を内蔵助が務めることにしたい」と説明してまわり、全員の了解をとりつけている。

紙幅の関係でこれ以上の事例紹介はできないが、「石清水放生会奉行之私記」全体に目を通して持つのは、かなりの綱渡りという印象である。重条は放生会に勤仕する立場であり、人員や役料などの決定は朝廷内の上層部で行われていた。その決定に問題があった場合、しわ寄せがいくのは重条等実働部隊だったのである。放生会が終了したとき、重条はさぞかし安堵したのではないだろうか。

●勧修寺経慶の場合

二人目の公家は、勧修寺経慶。当時三六歳で権大納言《ごんだいなごん》の地位にあった。経慶は七月二二日、放生会奉行の重条から、自身が参向上卿に任じられたことを通達された。朝廷祭祀としての石清水放生会を差配するトップの役どころである。その夜、早速摂家である左大臣近衛基熙の屋敷を訪ねて協力を要請している点は、重条と同様である。

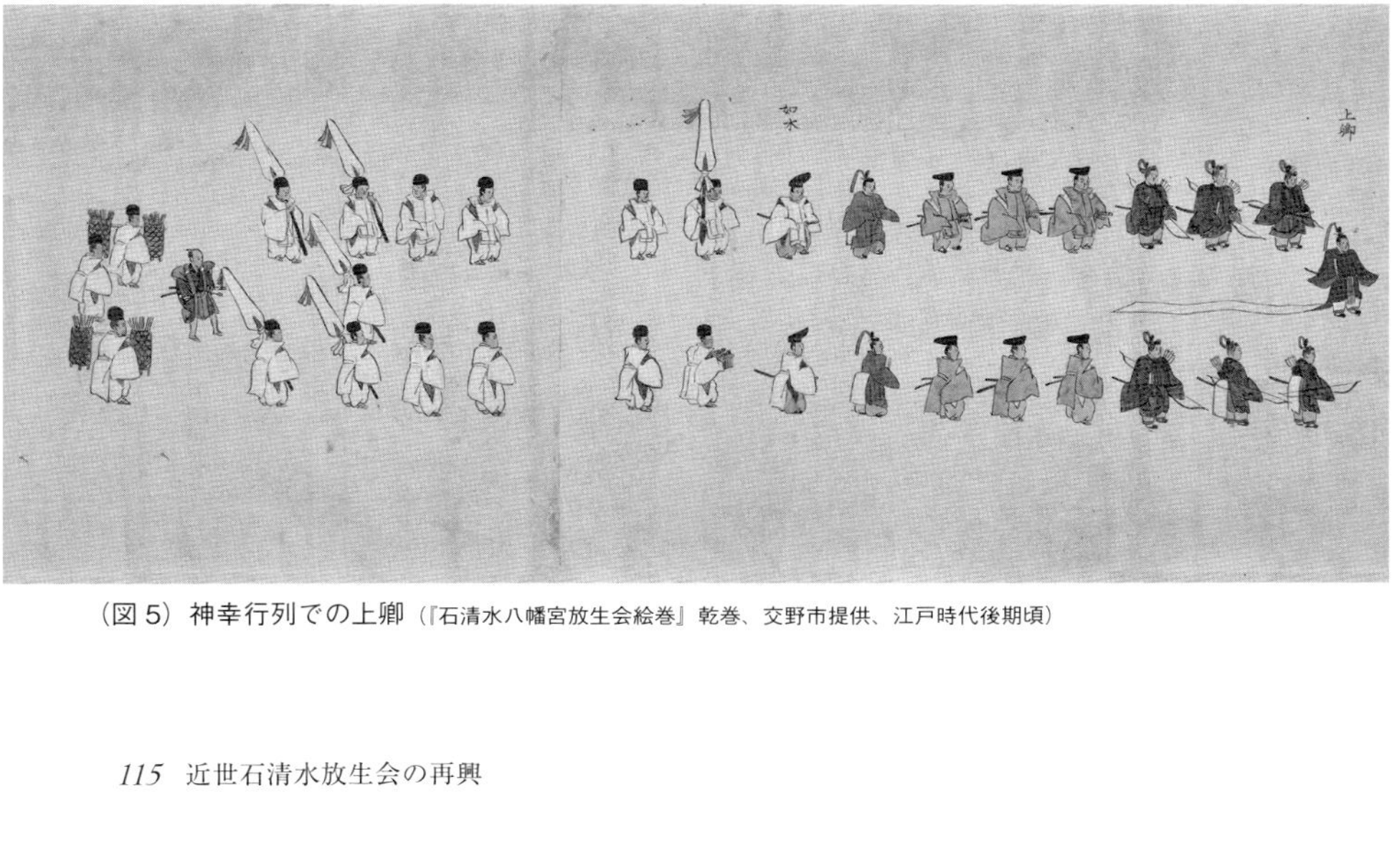

（図５）神幸行列での上卿（『石清水八幡宮放生会絵巻』乾巻、交野市提供、江戸時代後期頃）

【史料四】「放生会愚記」延宝七年七月二二日条

廿二日、乙卯、頭中将重条朝臣来之処、予参家公亭之間不能対顔、仍　勅宣之趣河内守直貞被申含、即直貞来申云、今度放生会御再興之間可令参行之旨也、勅答之儀彼朝臣候省中之間其旨可心得之由也、仍帰畢着直衣参　内、対重条朝臣申云、放生会御再興之間参行可申旨、不勘未練無覚語之間　勅答難申入、雖然於及固辞者却而似有故、如形成共可儲参行荘之間領状之趣可有言上之由令申、且又御次第作進於有之者申出度旨演説朝臣、入御所方暫時帰出、只今入御之間以次可令奏之旨也、仍退出、及晩刻詣左相府右之趣申入、毎事可蒙諷諫之由申、是近年令入魂給之故也、涯分可有扶持之由令答給、去年予所持放生会記親長卿真筆借進置之間旁如此、

経慶は基熙と「入魂《じっこん》（昵懇《じっこん》）」の間柄であり、この前年、室町時代の公家甘露寺親長《かんろじちかなが》の書いた放生会記を基熙に貸し出していた。そうした関係の中で、基熙から経慶へ「諷諫《ふうかん》」、すなわち助言してもらうことが期待されたのである。

また経慶は、重条と面会した際、「御次第」、すなわち石清水放生会の次第を作成する可否を天皇にうかがってほしいと頼んでいる。参向上卿といえば、朝廷祭祀としての石清水放生会の執行に責任を持つ立場である。失敗のないよう、まずは次第を明確にしようと考えるのは当然のことであった。

しかし二七日に重条を通じて得られた回答は、「放生会御次第被出間敷《いだざるまじき》（放生会次第を作成してはならない）」というものだった。放生会は宮中ではなく石清水八幡宮で行われる祭祀であるから、作成を命じるわけにはいかないというのである。わからないことがあれば関白鷹司房輔に聞け、ということだったが、

次第がなければ失敗するのは目に見えている。そこで経慶は、こっそり次第を作ることにした。八月二日には、試作した次第を近衛家に持ち込み、基熙に添削を依頼している。

また経慶は、資料や情報の収集にも余念がなかった。【史料四】にあるように経慶の勧修寺家にもそれなりの蔵書は存在したが、七月二三日には当時の源氏第一の公卿であった中院通茂《なかのいんみちしげ》の屋敷に赴き、記録や文書を貸してくれるよう頼んでいる。また八月三日には報恩院《ほうおんいん》僧正から、室町時代の公家中山定親《なかやまさだちか》が書いた永享一〇年の放生会の記録が貸し送られている。さらに、重条が速水安益や河端景慶を通じて石清水八幡宮の境内図や惣次第（八幡宮祭祀としての放生会の次第）を入手したと知ると、自分にも貸してほしいと要望している。

さて勉強や研究でも同じだが、物事は調べていけばいくほど、今度は細部で多くの疑問点が生じるものである。資料や情報を集め熱心に調査していた経慶も、特定の場面での細かな所作など、様々な不審点にぶつかった。そこで七月二八日、経慶は「放生会不審《ふしん》之《の》儀《ぎ》篇目注《へんもくちゅう》」なるものを一巻作成し、こちらも近衛家に持ち込んでいる。一八項目からなるそれを受け取った基熙は、自らの所有する旧記を参照し、わかる範囲の回答を記して返却したようである。経慶はこの「篇目注」を父勧修寺経広《つねひろ》にも見せたほか、清閑寺《せいかんじ》熙房《ひろふさ》や中院通茂からも不審点へのアドバイスを得ている。

不審点の一つ、舞台をどう通過するかという問題について紹介しよう。舞台というのは下院内で神殿の南側に臨時に設置される施設である（図2参照）。絹屋殿から下院の南門を通り、まっすぐ神殿を目指すとこの舞台にぶつかってしまうのだが、ここをどう通過するかという問題である。経慶が調べたところでは、「源氏姓の者は舞台の上、異姓の者は舞台の西側を迂回して歩く」という説もあれば、「（源氏ではないが）藤原北家勧修寺流は舞台の上を通る」という説もあり、実際に藤原光長《みつなが》（文永八年に弁として参向、勧修寺流）や勧修寺経豊《つねとよ》・教秀《のりひで》は上を通ったという記録が残っていた。これらについて、近衛基熙は「勧修寺家の家説ならば上を通るのがよいだろう」と答え、中院通茂は「源氏だからといって必ずしも上を通るわけではないし、源氏の家説は大体勧修寺家の家説と同じであるから上を通ってよいのではないか」と回答している。清閑寺熈房の回答も「上を通るのがよいだろう」というもので、経慶は当日、舞台の上を通過している。

さて、以上のように入念に調査を進めた結果、おおよその次第や所作については確定したと思われる。加えて八月三日には実際に石清水八幡宮へ赴き、神幸の経路の確認や、極楽寺堂上の座のセッティングについて八幡宮側に念押しをしている。しかし経慶だけがこれらの情報を持っていても仕方がない。次に必要なのは、情報の共有であろう。八月一二日、経慶は参向の役に任じられた公家と地下官人およびその関係者を屋敷に呼び集め、相談会を開いた。披露されたのは、経慶がこっそり作った新作の次第である。内密に作られたはずだが、この経慶作の次第は写しが国立公文書館などに確認できることから、後の公家も書写して参考にしたようである。

経慶に関しては重条ほど奔走している印象はないが、次第の確定など、頭を悩ませる案件は多かったようである。さらに朝儀再興のスタンスについても、実は朝廷内で意見が一致していなかった。霊元天皇は再興ができれば多少先例と異同があってもやむなしとする立場で、右大臣一条内房もそれに近い考えだったようである。一方で左大臣近衛基熙は往古の次第に忠実に行わなければ再興する意味などないとの立場であった。実は経慶は一条内房の屋敷も訪ねて協力を仰いでいるのだが、ひどく突き放した態度を取られている。霊元天皇が経慶の次第作成の提案を却下したのは、自らのスタンスに加えて、朝廷として公式に次第を作ろうとすれば、基熙との意見の違いによりさらに大きな混乱を呼ぶと考えたからかもしれない。

経慶が基熙を頼ったことで、結果的に、完璧ではないができうる限り故実に則った形で再興することができたのである。

●放生会当日の様子

右に見たような準備を経て実現した放生会本番の様子が、「放生会愚記」には詳細に記録されている。以下概要になるが紹介しよう。

経慶は一四日寅一点に屋敷を出発し、八幡宮へ向かった。三条から船に乗り、伏見で浄衣《じょうえ》に着替えると、淀で再び船に乗り、辰下刻に八幡宮に到着した。しばらく旅宿に滞在し、日付の変わった丑下刻、沐浴をして束帯《そくたい》に着替えた。下院の北の鳥居までは轅《ながえ》輿《こし》で移動し、そこからは徒歩で移動。北門から下院に入り、極楽寺の北西を通って南中央階段を昇った。経慶に続き、参議千種《ちぐさ》有維《ありこれ》、弁日野西国豊《ひのにしくにとよ》、外記、史、官掌《かじょう》、召使と、順に着座していくのだが、経慶は責任者として彼らの所作を細かくチェックしていたようである。続いて左右近衛が座る際、携えている弓の向きに違和感を覚え、後日近衛基熙に報告、正しい所作を確認している。その後、神輿が絹屋殿に到着したため上卿以下が順に堂から降りて移動する場面で、経慶は一計を案じている。すなわち、官

（図６）絹屋殿の様子（『石清水八幡宮放生会絵巻』坤巻、交野市提供）

職の低い者からの順番にすると、弁の日野西国豊がトップバッターになるのだが、経慶は国豊が「未練之仁」であると感じていたため、先に左右近衛を行かせ、その後に弁、参議、上卿と続くように仕組んでいた。

下院を出た経慶らだったが、神輿の移動スピードが速すぎて未だ空も白んでいなかったため、少しの間待機し、夜が明けてきたところで絹屋殿に出発した。そして神輿は楽人《がくじん》や僧侶、経慶らの供奉を受けて下院へ移動（口絵）。この行列に経慶は、「旧儀と異なる点はあるが、初回だから遠慮して改めさせなかった」と少々不満があったようである。神霊が神殿に移され、経慶らが極楽寺堂上に着座すると、奉幣などの神事や神賑行事が行われる。仏事の法会が始まるタイミングで経慶らは一旦旅宿に戻り、休憩をとる。法会が終わり勅楽が演奏されたところで宣命使が八幡宮に到着し、宣命が神前に奉納される。経慶らも再び極楽寺堂上に座り、経慶は見参《げざん》で五位以上の出席者を確認する。そして最後、神輿の還幸に供奉するため極楽寺から降りる際、正しくは南中央階段の欄干に手を添え、階下では揖《ゆう》（笏を持ち行う浅い礼）をするはずであったのに、他所事に気をとられていて失念していた、と経慶はミスを悔いている。還幸の際は、初めのように行列を作って供奉することはせず、下院の南門外で列立し、神輿が前を通る間磬折をするのみである。神輿が帰っていくと経慶らも南門、極楽寺の北西、北門を通り、旅宿に帰った。

以上が、延宝七年に重条・経慶が努力の末に実現した放生会の概要である。経慶は翌一六日卯下刻に旅宿を出発し、未刻に帰洛。勾当内侍《こうとうのないし》を通じ、放生会が「無為無事大慶」であったことを天皇に報告している。そして無事役目を果たして帰還した経慶には、基熙をはじめとした公家から祝儀の肴や賀詞が贈られている。

おわりに

江戸時代の天皇にとって、中世に絶えてしまった朝儀・神事の再興は第一の務めと認識されるほど重要な案件であった。しかし再興には幕府からの許可や経済的支援が不可欠で、実現は容易でなかった。そのようななかで霊元天皇の時代は、朝儀再興の時代と言われるほど、多くの再興が実現した時期であった。その最初期に再興されたのが、これまでみてきた石清水放生会である。幕府が再興を支援した理由は明確でないが、「室町幕府将軍と石清水放生会」の節で見たように、室町幕府将軍が武家の儀礼として執行したことが影響したかもしれない。とはいえ、再興には資金だけでなく公家や地下官人の努力も必要だった。江戸時代の公家は武家に比べ、多くの読者にとってイメージしにくい存在であろう。しかしここまで読まれた方は、放生会奉行の庭田重条と参向上卿の勧修寺経慶、この二人の公家の動きを通じて、自らの職責を全うしようとする生身の人間を感じられたのではないだろうか。彼らの努力の上に再興された石清水放生会は、時代の変化に伴い変容しつつも、今日の石清水祭につながっていったのである。

付記：本プロジェクトにおける京都大学文学部所蔵勧修寺家文書の調査では、松井直人氏に多大なご協力をいただいた。末筆ながら感謝申し上げる。

参考文献

◎伊藤清郎　一九八三「石清水放生会の国家的位置についての一考察」中野幡能編『民衆宗教史叢書第二巻　八幡信仰』雄山閣出版　初出は一九七八

◎岡田荘司　一九九四「石清水放生会の公祭化」『平安時代の国家と祭祀』続群書類従完成会　初出は一九九三
◎久保貴子　一九九八「霊元天皇の朝廷運営」『近世の朝廷運営―朝幕関係の展開―』岩田書院　初出は一九八八
◎並木昌史　一九九五「延宝七年　石清水放生会の再興」『國學院雑誌』九六巻一号
◎林奈緒子　二〇二四「近世石清水放生会の再興と公家」『令和五年度　京都府域の文化資源に関する共同研究会報告書』京都府立京都学・歴彩館
◎藤田覚　二〇一八『天皇の歴史6　江戸時代の天皇』講談社
◎二木謙一　一九八五「石清水放生会と室町幕府」『中世武家儀礼の研究』吉川弘文館　初出は一九七二

近世石清水八幡宮の神道思想
―神仏分離で救われた行教像・役行者像―

竹中友里代

はじめに

石清水八幡宮神領における明治維新は、慶応四年（一八六八）正月戊辰の戦禍により、門前町や山下諸寺院が焼失、戦災をまぬがれた男山山内の多くの坊舎や護国寺等の仏教施設は、同三月神祇官から出された別当社僧復職令や神号神体の仏教色を取り除く神仏分離令によって、ことごとく撤去・売却された。そのことは『明治維新神仏分離史料』（以下『分離史料』）に詳述され、石清水は廃仏毀釈の被害がとりわけ大きい神社とされている。

しかしながら神仏判然令により破壊行為が全国一律に行われたわけではなく、神仏分離を受け入れる社会的な土壌やその地域の歴史的な経過があり、実行した神職・社僧・地下神人等が属する神社の由緒や神仏の習合形態は様々である。神仏分離政策に対処する姿勢、遂行する過程も異なり、こうした各地の事例研究の成果が近年蓄積されている。

本章でとりあげる石清水八幡宮は、神仏習合の大社として知られるが、そもそもどのような習合形態であったのか。破却された仏教施設では、それ以前はどのような宗教活動が行われていたのか。近世では男山の坊や護国寺での祈祷や祭礼の在り方、それに携わるのはどういった僧侶か、あるいは山下神人や百姓が関わったのかなど、いまだ明らかではない。神仏分離令は当地にどのように受けとめられ、達成されたのであろうか。託宣によって八幡神を豊前の宇佐から勧請《かんじょう》した僧行教の肖像彫刻と伝えられる行教律師《ぎょうきょうりっし》坐像《ざぞう》（国重要文化財）は、近世は男山南谷に開山として祀られていた。近年新たに発見された縁起には、信仰篤き者たちにより役行者《えんのぎょうじゃ》像が破壊をまぬがれたことが記録されていた。仏教施設や仏像などが次々と売却されるなかで、からくも救われた行教像と役行者像に対する神人たちの努力を追ってみよう。

石清水の神仏習合の景観

●男山四十八坊

神仏混淆《しんぶつこんこう》の聖地男山には多くの堂塔坊舎が軒を連ねた。その景観の総称が「男山四十八坊」である。ところが管見の限り四十八坊の名称は近世史料にはみられない。貞享二年（一六八五）版「京羽二重」では御殿司職として中谷杉本坊・西谷桜本坊・南谷松本坊が、入寺職として中谷横坊・西谷岩本坊・東谷梅本坊・同橘坊が、その他の坊は「中谷坊舎」・「西谷坊舎」などのように山内の地形の谷に分けて合わせて四一坊が書き上げられている。京都町奉行所の役人の手引書として一八世紀はじめに記録された「京都御役所向大概覚書」では御殿司三坊、入寺四坊、衆徒二八坊を記すが坊全体を総称する呼称はない。当地の神人が著した「八幡宮筆記」や「石清水《いわしみず》尋源抄《じんげんしょう》」も同様である。蓬左文庫所蔵の「城州《じょうしゅう》八幡《やわた》愚《ぐ》聞鈔《ぶんしょう》」では山上坊中を「八幡山御朱印坊舎三十六院」とし、徳川将軍家から朱印地を給された三六坊を数えている。さらに神仏分離からさほど時を経ていない明治九年（一八七六）七月「京都府行政文書社地上地一件」では、「往昔坊舎四拾壱箇所有之候」とあり、四一坊である。

大正期に書かれた『分離史料』で、はじめて山上坊は「四十八坊」あったとされる。維新期の諸史料を採録した優れた資料集でもあるが、この時期の法難的歴史観で著作され

（図１）八幡山案内図（慶応２年）（個人蔵）

（図２）男山八幡宮全山図（明治 11 年）（八幡市教育委員会所蔵、八幡市教育委員会・宗教法人石清水八幡宮 2007 より引用）

ている。四〇に近い坊がかつては男山に存在したであろうことから、「仏の四十八願」など仏教用語由来の数である四十八から四十八坊が生まれたのであろう。

慶応二年（一八六六）の「男山名所案内図」（図1）には、男山山内に多くの建物と参詣者が描かれている。男山には中世以来の由緒ある護国寺・大塔・八角堂など八幡大菩薩、阿弥陀信仰で栄えたころの堂塔が残る神仏習合時代の聖地であり、幕末に繁栄期への回帰・復古を願い、宮工司《みやくし》長濱尚次《ながはまひさつぐ》が版行したものである。その後神仏分離を経た明治一一年の「男山全山図」（図2）では、山内の摂末社や茶屋などがわずかに残るが、破却された跡地は山林と化し、その変貌は明らかである。男山四十八坊は、明治維新期の神仏分離によって一変した男山の景観を法難的にとらえたシンボライズした造語である。しかしながら、現在も観光・文化財の復興を目指し、かつての繁栄を希求する男山四十八坊の標語の力は大きい。

●社務家の信仰と護国寺

石清水における神仏習合の根本精舎である護国寺の別当が検校《けんぎょう》に昇進し石清水八幡宮領を政治的に支配した。この検校職をめぐって社務家が争い、徳川家康の裁定により田中・新善法寺・善法寺・壇の順に検校を廻職することとなった。この社務家が検校職に就任して護国寺の住持として山上での読経などの仏事、寺務や政治向きを統べると捉えがちである。ところが檀家は早くに退転し、田中・善法寺・新善法寺の三家の屋敷は山下にあり、将軍代替わりごとの朱印改めや神領内の訴訟や自治に関わる政治向きはこの邸内で行われている。

田中家については、田中要清（一六三七〜一六九三）は家督争いで尾張藩祖徳川義直の生母相應院お亀の方の庇護のもと尾張で養育され、そこで吉田神道を学びその奥儀を極めている。八幡に帰り田中本家を相続後、吉田家の家臣鈴鹿家とともに吉田神道の一翼を担い、禁裏や公家に対して病気平癒の祈祷や神札配布などを行っていた。また要清は屋敷内に神祇殿を建立し、没後に彼は吉田家から武末霊社の神号を授与されている。彼の影響であろうか鹿野や森元などの山下神人も吉田神道に入門した。石清水八幡宮には寛政八年（一七九六）と同一〇年の田中家の社務日記が伝わるが、そこにも早朝より田中家当主が自ら神祇殿で神供・祈祷し陰陽道の星祭等も行っていたことが記されている。要清の次に検校に就任した新善法寺晃清も、慶安三年（一六五〇）に後述する伴家から神道伝授を受け、邸内に天照両皇太神宮・八幡三所社を勧請している。社務家は青蓮院などの門跡寺院にて幼年で得度し、放生会《ほうじょうえ》などの祭礼では僧形で参列するが、妻帯して一家を世襲し、日常的には神道祭祀を行っていた。

田中家に仕える家臣数名が書き継いだ慶応四年の公用日記をみると山上の仏事の様子がうかがえる。神仏分離令をうけて旧の岩本坊と松本坊から伺い書が出された。そこには毎月の仏事で朔日の社頭仁王会と一二日の薬師供が護国寺で、一五日には御本供が愛染堂で行われていた。ところが、明治政府の社頭僧侶復職令により山上坊の僧侶がすべて還俗した。そのため恒例の仏事が行えないため、替わって山下の律宗寺院に依頼しようというのである。旧の僧坊の住職から社務へ伺いが出されていることからも護国寺での仏事は、山上の僧坊に任されていたのである。後述する「末社記」でも護国寺薬師堂は「一山僧は此所において御祈祷修行の所である。また一山僧が聚会する所である」という。

社務日記には、田中家では毎月朔日の本殿参宮は欠かさないが護国寺の恒例仏事である朔日の社頭仁王会と一二日の薬師供には参勤したことがない。記述がないからといって護国寺に参勤していないとはいえないが、所労により本殿参宮不参であっても自邸内の神祇殿での宗源の祈祷は行っており、神事には熱心である。

山上坊や諸堂の経済基盤である朱印高をみると、御殿司職の三坊に六〇石、入寺職の四坊に一九九石七斗、衆徒二八坊に一〇九四石二斗に豊蔵坊一〇七石余と、山上諸坊には朱印地が給されたが、護国寺には朱印地はみられない。ほかに山上諸役料三一六石余りがあるが、これらは御殿司・入寺・衆徒中の各坊が職務や座次に応じて輪番で担う勤行料である。山上諸役料の内訳は内陣灯明料・愛染堂・勤行料・八講領入寺・入寺勤行料・執行料・手水田・承仕である。愛染堂は菊坊が堂守を勤め、開山堂には多門坊が灯明料、霊供米を渡されていた。天明三年（一七八三）に写された「八幡山分見絵図」（図3）を見ると菊坊は愛染堂の北に、多門坊は開山堂の西に隣接している。承仕とは、近在の百姓の二男三男が出家入山した下級の僧侶で、外陣《げじん》御簾《みす》外廻廊内の日夜勤番、常灯明、掃き掃除、荘厳など諸雑事を担っていた。

（図3）八幡山分見絵図　（天明3年）（石清水八幡宮所蔵）

護国寺には常住の僧侶はなく、山上坊の僧侶が輪番で読経・祈祷等を行い、愛染堂等もおそらく同様で、日常は隣接する坊が守護し、承仕が日夜勤番して灯明をあげ、清掃や仏事の荘厳によって維持されていたのではないか。

●石清水の諸末社堂塔之記

近世石清水神人の知識人によって次々と書き継がれた写本に「石清水八幡宮諸末社堂塔之記」（以下「末

社記」がある。内容は石清水の本殿及び男山山内にある末社などの名称と簡潔な説明に加えて垂迹《すいじゃく》した仏号を記している。

たとえば本殿の東御前に祀られている神功皇后は垂迹観音、中御前の誉田天皇（応神天皇）は垂迹阿弥陀または釈迦、西御前姫大神は垂迹大勢至《だいせいし》、末社の若宮社は応神天皇第四皇子仁徳天皇を祀り、垂迹十一面観音とする。また若宮社については御本社三所の遷宮時の宮であり、内陣外陣の造りが本社と同じであることなどが記されている。他に若宮殿社、水若宮《みずわかみや》社、大智満《だいちま》社、上高良《かみのこうら》社など本殿廻りの小社や石清水社などの山中の諸末社に加えて、鐘楼や愛染堂、禰宜屋《ねぎや》・御供所《ごくうしょ》などの諸施設まで書き上げている。神仏習合の本地垂迹説は本地の仏、たとえば阿弥陀仏が八幡神に垂迹するが、ここでは神を祀る社には垂迹仏名を記し、本地が神である。

「末社記」の異本のひとつに年記はないが宮守神人伴久金《ばんひさかね》が著したものがある。宮守神人伴家は、元美豆村に居住していたが橋本樋上に移住し、近世には対岸の大山崎との渡し舟の権益を所有したことで知られる。石清水神人としては代々徳川将軍家から宮守神人五〇人に対して合わせて知行一〇一石の朱印地が与えられている。伴家は代々宮守神人一行事を輩出するもっとも優力な神人家であった。本来の職務は遷宮や放生会などの祭礼時に神前へ供える御供をつくる。そのため久金が記した「末社記」には竈神殿《そうじんでん》や飯《いい》殿《どの》・御供所の記述が詳しい。さらに宮守神人は正月一八日の厄神祭では前夜の一七日から参籠して未明より厄神の神事を執り行い、天子公方の諸厄を祓い、万民の諸厄をも祓う祈祷を行っていた。

伴家は八幡宮領内でも早くに吉田家から神道伝授を受けていた。寛永一八年（一六四一）から正保三年（一六四六）にかけて「神道三箇（神牆・亀占・勧請）之大事」や「唯一神道壇場荘厳図」・「清祓三巻」などが次々と伝授されている。慶安二年（一六四九）に自邸内に八幡三神など鎮守諸神の降臨を受けている。石清水でも他の神人に先駆けて入門し、吉田神道に精通していたのが伴久金であった。

このほかの「末社記」は、俗別当紀兼行《きのかねゆき》が所蔵していたものの写本が石清水八幡宮と京都府立歴彩館に残る。神官職の紀氏三家はそれぞれ俗別当・神主・撿知《けんぢ》の職務を世襲し、俗別当は寺院の別当に対して神官の頂点にあり神事全般を統べる職である。この紀兼行は第一八代の俗別当である。戦乱等で廃絶していた朝廷祭儀が近世に復興されるが、延宝四年（一六七六）に再興された御神楽では、延宝八年二月七日の祭儀の「着座次第の図」には神職である神主紀斎《きのいつき》・撿知紀宮内《きのくない》とともに紀左京進《きのさきょうのしん》の参列が確認できる。この左京進が俗別当紀兼行である。延宝七年に再興された放生会でも祝詞を奏上している。兼行は貞享四年（一六八七）八月一四日に従四位下に任ぜられ、元禄一六年（一七〇三）に没している。次の一九代の紀兼尚はさらに記述を書き加え兼尚本の「末社記」を著した。石清水神領内の地名や寺社の由緒などを宮工司の長濵尚次が著した『男山考古録』（以下『考古録』）は石清水研究の基礎資料である。同書のなかで長濵は、紀兼尚本の「末社記」は後世の「末社記」がそれに倣うと評価していた。

『考古録』には石清水の由緒や地誌を紐解く参考書目が一覧で掲げられており、そのなかで、「末社記」は紀兼尚本などもあわせて七点の異本があげられている。異本には「谷村光信書写末社記」があり、これは享保七年（一七二二）に神宝所神人の谷村が校訂した「改訂末社記」である。彼は享保九年に石清水の地誌や明細帳などの底本となった「石清水尋源抄」を著作している。ほかに社務家の新善法寺晃清が書写した異本もある。晃清は先述の伴久金より神道伝授を受け吉田神道に入門している。これら書写した人物の活動年より推定すると「末社記」は概ね一七世紀中頃から一八世紀前半には成立していた。社務家や神人たちが次々と写し取り多くの異本を生んだ背景には、「末社記」の思想が石清水の神人に浸透していたのである。

●本迹縁起神道における行教

現存する「末社記」は石清水蔵本をはじめ三点が確認できるが、その奥書には当地の神人の思想が明瞭に示されている。石清水においては八幡三所の神号が根本であり、八幡大菩薩の菩薩号は後世に付したものであるという。石清水の神道とは本迹縁起《ほんじゃくえんぎ》の神道である。これは神を本地とし仏が垂迹する。平安時代以来のわが国の本地垂迹説を逆にした考え方、反本地垂迹説をとっている。八幡神を宇佐から石清水の地へ勧請した僧行教については、天児屋根命《あめのこやねのみこと》から数えて二八世の孫に吉田卜部《うらべ》豊宗があり、その豊宗から唯一神道の奥儀を残らず伝授されたというのである。

吉田神道は、室町末期に吉田兼倶《かねとも》が儒・仏・道・陰陽道などをたくみに取り込み集大成し、反本地垂迹説を唱えて、卜部氏が唯一受け継いだ宗源神道であると主張した。貞観元年（八五九）に八幡を勧請した行教の時代にはもとより吉田神道は成立していない。よって行教への神道伝授はあり得ない。しかし石清水においては行教以来、神が本地である本迹縁起神道を貫いていると「末社記」は主張する。

男山で僧坊の僧侶が行う神道は、仏が本地で神が垂迹する両部神道であり、これは行教の神道ではないというのである。僧侶であっても行教については本迹縁起の神道家とする。これが近世石清水八幡宮における行教の捉え方であった。行教と同じ紀氏の末裔が石清水の田中・善法寺・新善法寺の社務家であり、僧形でありながら八幡神に仕え神道祭祀を行っている。僧形で神道祭祀を行う矛盾は、行教に倣うことで解消され、近世社務家の神領支配体制が認証されることにつながる。

『考古録』のなかの八幡権現の項では、「衆生を教化するために菩薩として現れるというのは僧侶が唱える方便であろう。千里の遠き天竺からわざわざ菩薩が日本国に来て尊い神になるのだろうか、まして天皇家がある我が国においては甚だ疑問である」と長濵は本地垂迹説を批判している。

石清水では社務家や山下神人がそれぞれ吉田神道を受容し、一七世紀中頃以降に成立した当地の本迹縁起神道による、神と仏、行教の捉え方が浸透していた。そうしたなかで明治維新を迎え、神仏分離令が発せられたのである。

神仏分離令をうけて

●行教の還俗式

神仏分離を経てなお当地に残る仏教彫刻のひとつ、国の重要文化財の「行教律師坐像」（図4）は、現在曹洞宗の神應寺《じんのうじ》にある。行教の像は、元は男山南谷の開山堂にまつられていたが、その墓碑がある由縁により当寺に移された。『分離史料』には、「明治二年十二月に行教和尚復飾の儀式を行い、開山堂を神殿に造替へて継弓社と号し清祓等が行われた、この時行教和尚の木像の頭上に烏帽子が釘付にせられたと云われている」と記す。廃仏毀釈を逃れたドラマチックな場面を想起させる逸話である。果たして還俗式でそうした場面があったのであろうか。

（図4）行教律師坐像（神応寺所蔵、奈良国立博物館編 2022より）

森本信徳の日記にその様子が詳細に記録されている。森本家は神事にかかる四座神人のうちの六位禰宜神人である。四座神人とは、六位禰宜・他姓座・大禰宜・小禰宜で、本殿の瑞垣の内まで参勤できる。そのうち六位は神殿の神体間近まで昇殿して御供を行う。信徳は、古事記・日本書紀などの古典に精通し、和漢の素養だけでなく神道の理論家でもあった。彼は『考古録』の著者長濵に上棟式の祭儀の仕方や祝詞作成の手ほどきをしている。彼の豊かな教養をもとに、三条実万をはじめ都の公家と和歌や書跡でもって交流し、識者として知られていた（図5）。彼は多くの日記・記録類を残している。

（図5）森本信徳（個人蔵、『森本史』（私家版）より）

日記によると、先述の明治二年一二月の行教復飾慶賀式の前には開山堂を改変するために尊像を松本坊の上段へ仮安置していた。一五日には息男の信富《のぶあつ》と大禰宜能村《よしむら》仲貴を誘い慶賀前に拝礼に行っている。前日森本は病で一日平臥しており清祓は欠勤したが、清祓の図などは書き留めている。殿内は略式の御供に中央には祭主として撿知が着座し、廻りには他姓座・六位・大禰宜・小禰宜の四座神人が座し、神供は極略式で洗米と神酒だけで奉幣はなく、修祓が終わった。

翌一八日の復飾式には辰の刻から支度して、森本は父子共に斎服を着用して登山し、休息待合所である松本坊から社務・神官・所司・御殿司・四座の順に進発して表門から参進した。勤仕したのは社務の新善法寺改め南武胤と東竹《ひがしたけ》建清、俗別当・神主・撿知の神官三家、所司の公文所と判官・巡検勾当《じゅんけんこうとう》、御殿司の親文、宮守に四座中の八人であった。六位の森本が羅筥から笏を取り出し、当職南が神前に捧げた。宮守一行事が準備した御神供を他姓座の河原崎安親の手を経て撿知が参進する。行教を紀中津御祖神《きのなかつみおやのかみ》と改称し、笏や斎服冠を行教像前に捧げることで還俗を表したのである。

殿内の儀式への出場退出のときには奏楽が行われ、他姓座の河原崎や小中村、神宝所神人らも楽人として参勤している。山下の主だった多くの神人が儀式を支えていた。

慶賀式の後には、行教像が手にしていた念珠の玉は、参列した神人に一つずつ配られ、一同は万歳を唱えて退出し儀式は終了した。現在行教律師坐像は、右手を胸前にあげ左手に経巻を持つが、この両手先は後補である。近世の行教坐像の持物は念珠であった。

●森本信徳の建白

では僧侶である行教の木像に対して還俗式を行う案はどこから出たのであろうか。森本の日記によると明治二年九月二六日に山上から撤去した仏具類の入札が仕丁舎で行われた。一切経は一五七両余り、大塔は三五〇両、梵鐘一九〇両、愛染堂・八角堂・観音堂は一二五両等、落札値段の合計は一〇九二両余りである。他姓・六位・大禰宜・小禰宜の四座に対して、一一月朔日までにこの売払い代金の使途について意見を当職まで提出せよとの達しがあった。これに応えたのが森本信徳である。

明治二年一〇月二八日の森本の建白書には次のようにある。堂塔の仏具金具類の売上金の処置は、疲弊した社中においては非常の手当金を目当てに見込み違いの動揺があるかもしれないので、一旦は神庫に収めて、宝塔・経蔵はじめ社殿への造替や末社再興、それに伴う清祓等の儀式の費用に充てるのは規則通りであるという。

そして社務はじめ神勤を継続している者に対して人別に割り付けて翌明治三年から十年賦で貸し付ける。そうすれば下行配当物とは異なり貧富貴賤の差別なく平等に配付できるので混乱はしないという。森本は貸付金を提案の肝として強調していた。

一一月一五日には社務南五位から森本の建白が採用され、その功を賞して褒賞金が贈られた。ところがこのとき社中では宝塔院・経蔵などを神殿に造替することが課題になっていた。森本が規則通りとした造替と末社再興の案はいつ頃から考えていたのであろうか。

明治二年七月から森本が書き始めた「備忘録」には神仏混淆の堂宇を撤去するにあたって留意すべき案が次のように書き留められていた。

森本はできる限り現存の建物を残したいが、大塔・八角堂・愛染堂・観音堂は建物の規模が大きいので、神社に造り替えるのは難しく撤去するしかない。琴塔宝塔院と経蔵は、手軽に造作ができ、廃絶した神霊を勧請すると国家鎮護の祈祷に相応しいと考えていた。そこへ宮工司長濵尚次からの、九輪を取り払い、鳳を据えると見た目も良いとの造替の具体的な案を聞くと、二重屋根は神社建築には見聞がないという指摘も森本は書き留めている。

さらに森本の「備忘録」には開山堂については次のようにある。行教の弟にあたる本覚大師益信は、東寺長者に上り詰めたことから東寺へ帰し、行教とその甥の安宗の像は同じ殿内に一緒に祀り、神殿に造り替え、ひそかに神号に替えて神饌献備《しんせんけんび》をしてはどうか。大神遷座の功績は一社の祖神として奉るべきであるが、神号の官許を得るのは難しいと思案している。三条実美等の政府要人と以前から交流があり新政府内の情勢の機微を知りえる森本は、行教像の破却をまぬがれるために神号の官許・勅裁を真っ向から神祇官へ願い出ても許可は得られないと判断していた。そこで七月の段階で一社の沙汰としてひそかに還俗式を執り行う腹案を森本は抱いたのである。

明治三年八月三日神祇官へ社務三家が出頭し、過日の諸事件の取り調べがありその返答書に顚末が記録されている。

行教は、社務家の祖である紀魚弼《きのうおすけ》の子で紀氏であるという。毎年正月一八日の忌日に山上の僧侶が法要を勤行していたが、神仏分離で八幡大菩薩を八幡大神に改め、法体で勤仕していた社務はじめ行教の法流の紀氏や、本殿に仕える山上の御殿司僧までも復飾を命ぜられた。行教は、千年前の人であっても神託による遷座の功がある。社務はじめ紀氏だけでなく一社の祖神として崇敬してきたので、本殿の例に倣い仏式の荘厳を撤去し、行教には復飾して神号を贈ったと報告している。かねてより有志の輩は還俗の機会を待望していたところ、明治二年一〇月に六位禰宜の森本信徳から建白が提出された。その次第を三社務・御用掛の紀氏・片岡等が検討していたところ、はからずも同一〇月下旬に神祇官より当宮勅祭・遷座の由緒の取り調べがあった。神祇官には行教の神託による三神鎮座の次第が落手されたので、行教の功績が神祇官に認められたと理解した。そこで社中同志の輩も森本の建白に同意して神号贈進を急ぎ催促したという。

また行教復飾の経緯は森本によってあらかじめ用意されていた。行教・安宗ともに天皇家に奉仕した武内宿祢の後裔の紀氏で、初代神主に就任した紀御豊も同苗であると紀氏を強調する。行教像は肖像でも法衣着用は許可されなかったが、千年前の古像で長らく扉を閉ざしている。差し迫ったことなので、一社限りの判断で秘かに処置した。折を見て行教の功績を詳らかにして官に訴え許可を得ることが有志一同の宿願であった。八幡神を神託によって勧請した行教の功績は、山上山下神人すべての祖師であり、神領を支配する紀氏の祖でもある。僧侶ではなく祖師の肖像として護持しようという一山の意志を貫いている。森本は一社の政治的判断を主導し、新政府に提出する理論的で明解な文章についても一社の信頼が寄せられていた。
当地の行教信仰を示すものとして絵像の「行教和尚像」が、善法律寺（室町時代）（図6）と神應寺に伝わる。図様は礼盤に座し胸前で合掌する僧侶の姿である。神應寺には宝永二年（一七〇五）に写された同じ図様の絵像があり、また当寺の開山堂には木造行教坐像（江戸時代後期作）が安置されている。絵像はほかにも類例があり祖師行教の功績を敬う信仰が存在していた。

明治四年一二月には石清水へ社寺領上地令が達せられた。山上本殿廻りの主な施設と御旅所にあたる下院、本殿へ登る男山の参道のみが残され、他はすべて官有地となった。さらに翌年一月には男山八幡宮禰宜（善法寺改め）菊大路《きくおおじ》纓清《うけきよ》をはじめ神社に関わる者が神勤を解かれた。還俗して山上に残っていた旧坊官もすべて男山を去ることとなった。そのため山内での行教像の守護が困難になったのであろう。明治六年三月には男山八幡宮宮司梅渓通善が京都府と協議し、行教像は神應寺への移座が許可された。明治六年五月一八日に行教像は下山して神應寺へ開山として受け入れられた。奏楽して入仏供養が行われ、そのとき神官も神應寺へ参詣した。こうして古像の行教律師坐像は護られ今日に至った。

（図6）行教和尚像（善法律寺所蔵、奈良国立博物館編 2022より）

●橋本の役行者縁起

神仏分離に関わる史料「役行者縁起」が新たに八幡市橋本小金川の旧家から発見された。石清水八幡宮の境内で祀られていた役行者像の由緒と明治の神仏分離で橋本へ迎えられるまでの経過が記されている。その内容をみると、明治三年に神仏分離に際し、橋本の角谷三郎兵衛は、二夜同じ霊夢を見て男山へ登った。折しも旧神官によって役行者像が破壊されるところであった。おし止めて乞い願い岩本坊に一時預け置いた。橋本の親友岡九左衛門と植村嘉七へ相談し、像を橋本へおろし、西遊寺の文殊堂に仮安置した。その折に険しい狩尾坂で像の腰を損傷したが、八幡の仏師山本某に依頼して元の通り修復した。この像を秘めおくことは残念に思い、橋本の岩ケ鼻にある十念寺の小堂に移したのが明治二五年（一八九二）であった（図7）。近国の老若善男女が願望成就すると参詣し信仰を集めた。角谷・岡・植村の三名の発起心は、実に誠実で信仰心篤く、役行者の苦行修業した功徳を行きわたらせ、様々な人の済度心をおこさせたという。この縁起は三名の清浄な事績を残すために明治三一年二月六日に井上忠継が撰文染筆したものである。

この井上忠継は、志水で寺子屋を開く豊かな商人で国学者でもあり、現在の松花堂と泉坊書院を整備した西村芳次郎の実父である。井上は明治三〇年に松花堂庭園の東車塚古墳・女郎花《おみなえし》の地を取得し、周辺の土地を順次購入して西村等とともに庭園の整備にあたっている。同三一年には泉坊書院を移

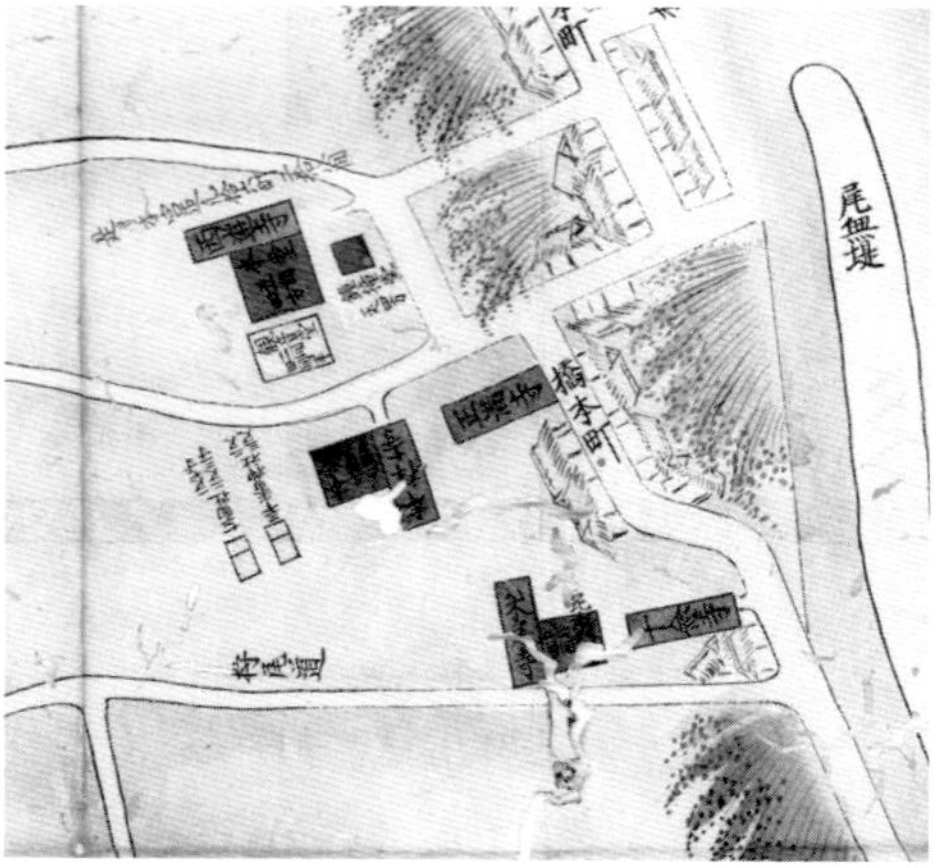

（図7）石清水八幡宮全図（橋本町部分）（中井家文書、京都府立京都学・歴彩館所蔵）

築して上棟、書院の腰高障子の「王朝人物図（一二か月の図）」の画中の色紙型に和歌を染筆したことで知られる。漢字の太文字と繊細な仮名文字を織り交ぜ強弱を強調する流麗な縁起の書体（図8）は、井上の筆跡である。この時期井上も神仏分離で山上から撤去された松花堂の保存に努力していた。志を同じくする者として縁起の撰文《せんぶん》揮毫《きごう》を申し出たのであった。

この縁起によると八幡大菩薩を勧請した後、行教は宮本坊を営み昼夜勤行の護摩供養の焼灰を捨てずに蓄え置いていたという。岩本坊増寛僧都《そうず》と宮本坊教寛僧都は行教以来六〇〇年蓄えた灰を用いて、文治元年（一一八五）七月一五日に身の丈五尺余りの役行者像を造り小堂に安置し、日夜陀羅尼護摩供養を勤行した。南北朝の騒乱で堂は焼けたが、行者像は八角堂の本尊と同座していた。八幡遷座の貞観二年（八六〇）頃から勤行したとして、文治元年まで三二五年となり年数に誇張があるが、行教が勧請して以来宮本坊で祈祷した清浄な灰が用いられたことが重要なのである。

宮本坊は行教が住したことから行教院とも称され、行教所持の剣があり、行教自筆の篝火の御影は宮本坊において敵国降伏祈祷の際に掛けられたという。このように行教ゆかりの品を伝えていた。役行者堂を描く古図があったが、嘉永頃には堂は退転していた。八角堂の本尊の東脇に土で造った役行者像があり、元禄年中に井関坊の客僧が造り行者堂に安置したと『考古録』は伝える。

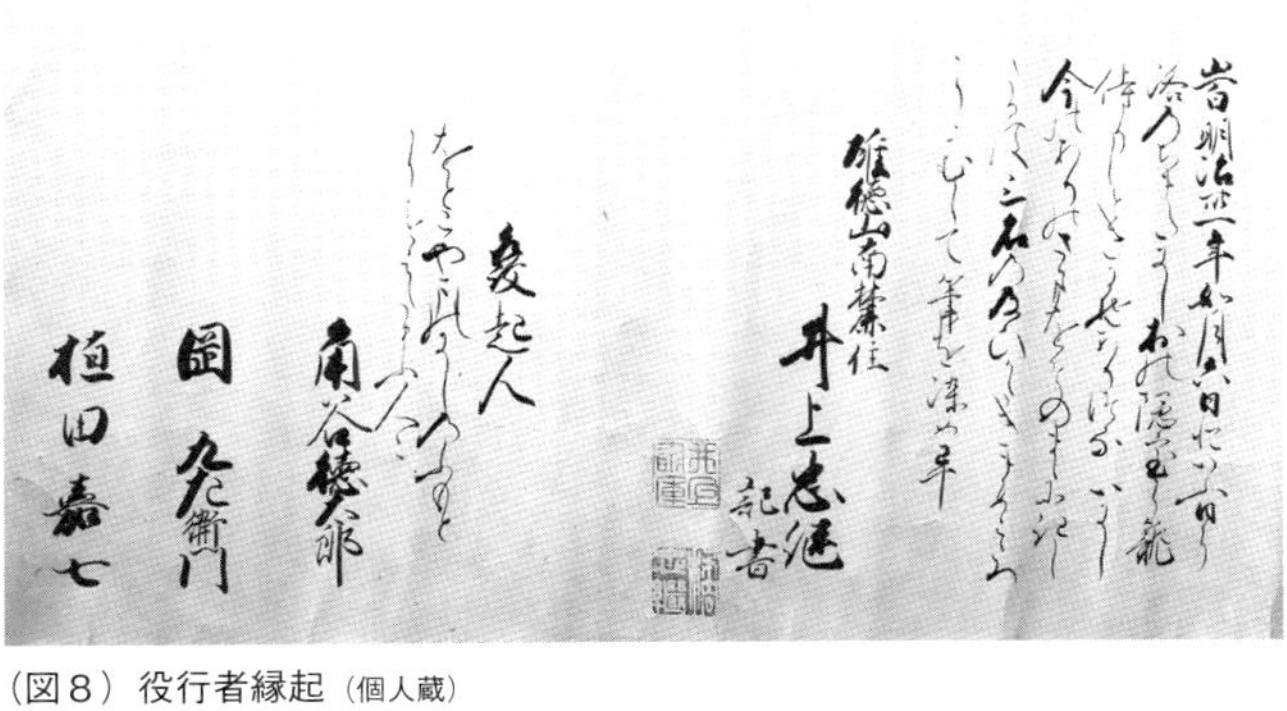

（図８）役行者縁起（個人蔵）

現在橋本の西遊寺境内にある観音堂には役行者像（図9）が安置されている。彩色された塑像は、像高約一五〇センチメートルで、岩座に座し高下駄を履き、右手に錫杖、左手に巻子を持つ。造像の時期は江戸時代とされる。縁起の像の身丈にほぼ等しく塑像であることから、縁起の役行者像を想起する。しかし明治の什物記録に記載はなく、昭和一七年（一九四二）の西遊寺什物財産帳には観音堂に安置されている帝釈天像・観音像・地蔵像はあるが役行者像の記録はない。そのためこの像の伝来は明らかではない。なお、役行者像を救った角谷三郎兵衛はこの縁起を見る前に、明治二〇年一〇月に没している。

井上は、神仏分離で男山の多くの信仰対象を失ったが、民心を清める信仰心こそ子孫長久息災安穏につながるとし、三名の誠意に感じ入り教訓とすべきと讃えている。国学者として維新期の宗教的混乱を鎮める規範を示したのである。

（図9）役行者像（西遊寺所蔵）

おわりに

石清水八幡宮は古代中世の繁栄の残照が色濃く、神仏習合の仏が山内護国寺などに祀られていたが、近世においてはおもに山上僧坊が仏事祈祷を行っていた。

一七世紀には本迹縁起神道に基づいた石清水八幡宮諸末社堂塔之記が成立し、社務はじめ山下神人のあいだで次々と書写され流布していた。そこに貫かれているのは、本社や摂末社に垂迹するのは仏であり、神が本地である反本地垂迹説であり、行教を一山の祖師と仰ぎ、行教を神道家と位置付けていた。当地の由緒と社例伝記等に加えて吉田家の唯一神道に影響を受け、石清水では本迹縁起神道による、山上坊僧侶の祈祷とは異なる祭祀が行われていた。こうしたなかで明治維新の神仏判然令が出され、社務及び山下神人はこれを冷静に受け入れ善処に努めていた。神官による報復的暴力的な仏像・仏具の破壊はみられず、政府の意向に応えつつも、当地の信仰心を堅持して行教律師像や役行者像が守られたのである。

補記：本章で利用した史料は『京都府域の文化資源に関する共同研究会報告書（洛南編）』（京都府立京都学・歴彩館、二〇二四年）に収録した拙稿「石清水八幡宮の神仏分離と行教信仰」に関係史料を掲載している。参照いただきたい。

参考文献

◎坂本是丸　二〇〇七『近世・近代神道論考』弘文堂
◎竹中友里代　二〇一六「近世石清水八幡宮における吉田神道の受容と社務家」『京都府立大学学術報告』人文第六八号
◎竹中友里代　二〇二二「孝明天皇の石清水行幸と六位禰宜森本家の活動―伊予宇和島藩主伊達家との関係から―」菱田

哲郎編『聖地霊場の成立についての分野横断的研究』（京都府立大学文化遺産叢書第二五集）
◎田中君於　二〇一一「江戸時代の僧坊について」八幡市教育委員会『石清水八幡宮境内調査報告書』（八幡市埋蔵文化財発掘調査報告書第五六集）第六章第三節、二一二頁－二一五頁
◎奈良国立博物館編　二〇二二『特別展　大安寺のすべて―天平のみほとけと祈り―』
◎八幡市教育委員会・宗教法人石清水八幡宮　二〇〇七『石清水八幡宮　諸建造物群調査報告書（本文編）』
◎鷲尾順敬　一九八三「石清水神社神仏分離調査報告」『新編明治維新神仏分離史料』第七巻近畿Ⅰ　名著出版

III 近現代の洛南

明治期の松花堂移転は本当に繰り返されたのか

コラム 4
松花堂弁当の誕生秘話

男子普通選挙における無産政治勢力・国粋会的勢力の形成と政治文化の変容
―「城南」地域を中心に―

コラム 5
淀に競馬場がやってきた！

コラム 6
京都西南部におけるハイテク産業の集積

Ⅲ　近現代の洛南

明治期の松花堂移転は本当に繰り返されたのか

平井　俊行

はじめに

●石清水八幡宮の歴史

松花堂《しょうかどう》の話を始めるにあたり、最初に石清水《いわしみず》八幡宮の歴史について簡単に述べておく必要があろう。

石清水八幡宮は、平安時代の貞観元年（八五九）、南都大安寺の僧行教が豊前国宇佐八幡で八幡大菩薩の「われ都近き男山の峯に鎮座して国家を鎮護せん」との神託を受け、翌貞観二年（八六〇）清和天皇の命により、八幡造の社殿が建立されたことに始まるとされる。ご祭神は、誉田《ほんだ》別命《わけのみこと》、比咩《ひめ》大神《おおかみ》、息長帯《おきながたらし》姫命《ひめのみこと》の三柱をお祀りする。

都の裏鬼門の位置にあることから朝廷の尊崇を受け、平安後期の白河天皇の頃には伊勢神宮とともに二所の宗廟として崇敬されるようになった。さらに八幡神が源氏の氏神として崇拝を受けたことから、武神とみなされ、源氏の広がりとともに全国に八幡神を広めることとなった。鎌倉幕府が開かれた鎌倉に鶴岡八幡宮が勧請《かんじょう》されたことは、特に有名である。

近世に入ると吉田神道の影響を受け、徐々に神が本地で仏が垂迹《すいじゃく》であるとの反本地垂迹説が広まったようである。

こうしたなか、坊舎は、明治初年の神仏判然令の影響で撤去されるまで、焼失、再興、廃絶などで増減しながら存続し、男山四十八坊と称された（図1）。江戸時代初期に文化的な活動で知られた石清水八幡宮の社僧、昭乗《しょうじょう》が住職を務めた瀧本坊、住職を譲った後生活した泉坊や坊内の隠居所松花堂も、石清水八幡宮の境内に含まれる。

一方男山の麓には、石清水八幡宮の発展とともに形成された門前町である内四郷と、その東に広がる農村地帯の外四郷とを合わせて、近世には八幡《やわた》八郷と称した土地が広がっていた。中世より守護不入の地とされ、八幡八郷全体が石清水八幡宮に奉仕する郷と位置付けられ、近世初期には郷民に対しても幕府から多くの朱印状が発給されるなど、全国的に見ても特異な地域であったことがうかがえる。

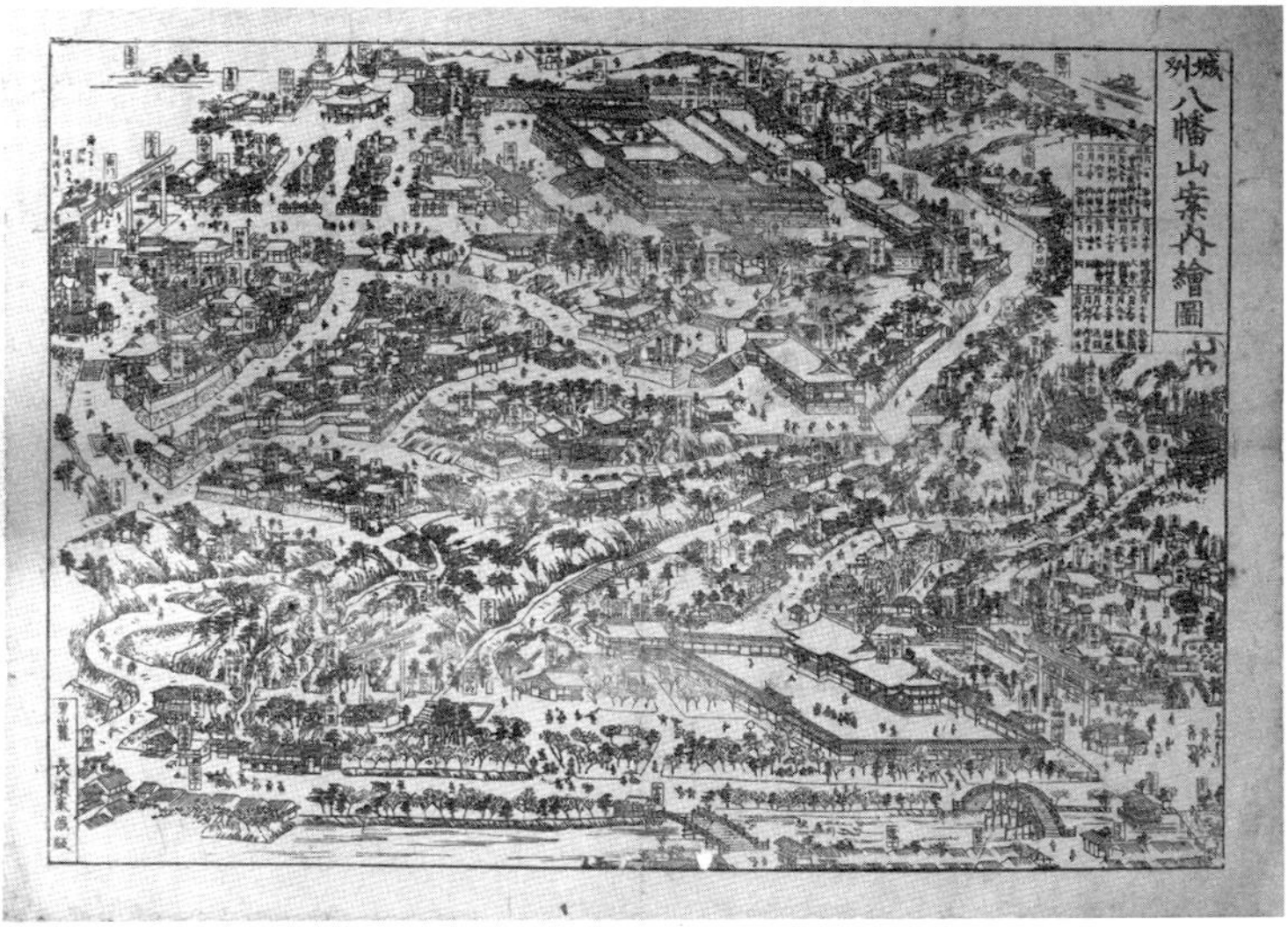

（図1）城州八幡山案内絵図（慶応2年（1866）長濱家絵図、個人蔵）

●昭乗について

松花堂昭乗は、天正一〇年（一五八二）摂津生まれないしは天正一二年（一五八四）奈良の春日生まれとの二説ある。姓は喜多川で兄に元知がおり、幼くして近衛信尹《このえのぶただ》に仕え、聡明であったため興福寺一条院の諸大夫《しょだいぶ》の家柄である中沼家に迎えられ左京と名乗った。昭乗も子どもの頃より近衛家に出入りし、近衛前久《さきひさ》より書の手ほどきを受けたと伝えられる。その後、年代ははっきりとしないが十代の頃には男山に入り、初めは鐘楼坊、次いで後に住職となる瀧本坊で実乗《じつじょう》に師事し、さらに両部灌頂《りょうぶかんじょう》を受けて阿闍梨《あじゃり》となる。僧侶としての研鑽と活動のほか、和歌や俳句を嗜み、書は近衛信尹、本阿弥光悦《ほんあみこうえつ》と共に寛永の三筆と呼ばれる能書家となり、絵画は独自の境地を開いた趣のある画風で昭乗本人や文化人仲間の賛を添え、茶掛けとして珍重され、茶は小堀遠州《こぼりえんしゅう》に習い、収集された茶道具は後世八幡名物《やわためいぶつ》と呼ばれ、高い評価を受けるなど、多方面にわたる文化活動を行った。人脈も広く尾張藩初代徳川義直《とくがわよしなお》、伏見奉行を務めた小堀遠州などの大名、淀藩の家老佐川田昌俊《さがわだまさとし》等の武家、公家衆では幼少期から出入りした近衛家の信尹、信尋《のぶひろ》や一条昭良《いちじょうあきよし》、文化人では石川丈山《いしかわじょうざん》、画家の狩野探幽《かのうたんゆう》、狩野山雪《かのうさんせつ》、大徳寺の僧侶の江月宗玩《こうげつそうがん》や沢庵宗彭《たくあんそうほう》など実に多くの人物と関わりを持っていた。

昭乗は、寛永四年（一六二七）に師実乗が亡くなると瀧本坊の

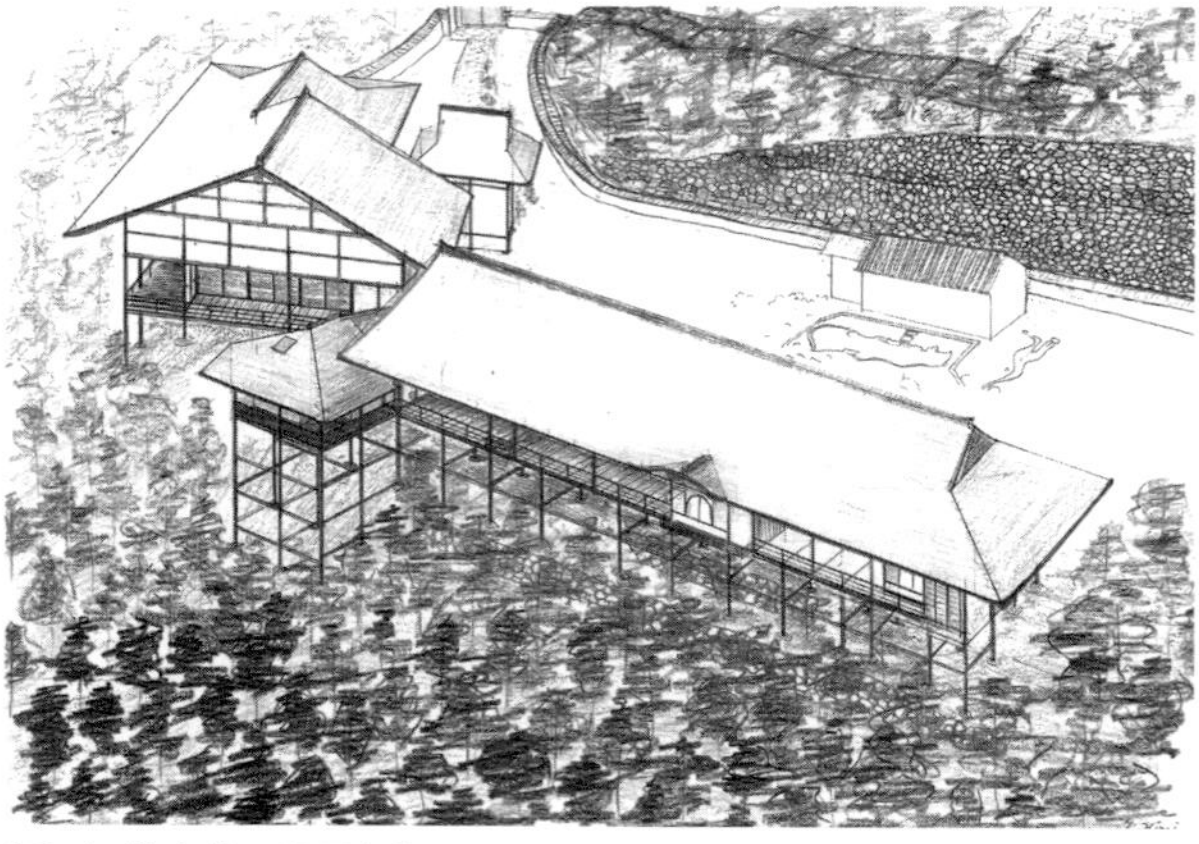
（図２）瀧本坊・閑雲軒復原パース（著者作成）

住職となる。その頃江戸に招かれ徳川家光《とくがわいえみつ》の書の師を務めている。八幡に帰る寛永六年（一六二九）より以前に瀧本坊が焼失したとも伝えられ、坊の復興には小堀遠州も関わったといわれている。寛永九年（一六三二）一〇月一五日の茶会は瀧本坊で開催されていることから、この頃復興されていたと考えられる（図2）。

寛永一四年（一六三七）には、瀧本坊を弟子乗淳《じょうじゅん》に譲り、瀧本坊の南東の一段下がった泉坊内に隠居所「松花堂」を建てここで生活する。それから二年後の寛永一六年（一六三九）九月一八日に昭乗は亡くなる。

●昭乗没後の泉坊及び松花堂の歴史

昭乗没後も書や絵画、茶道の分野で長く慕われ、没後百年を経過しても、瀧本坊では彼が所持していた道具を用いた茶会が催されていたことが知られている（図3）。当時隠居所としての松花堂はあまり注目されることもなく、存在しているのみであった。

しかし、安永二年（一七七三）昭乗と小堀遠州によって建てられた瀧本坊が、火災により焼失すると、昭乗ゆかりの建物である松花堂がにわかに注目されることとなる。寛政

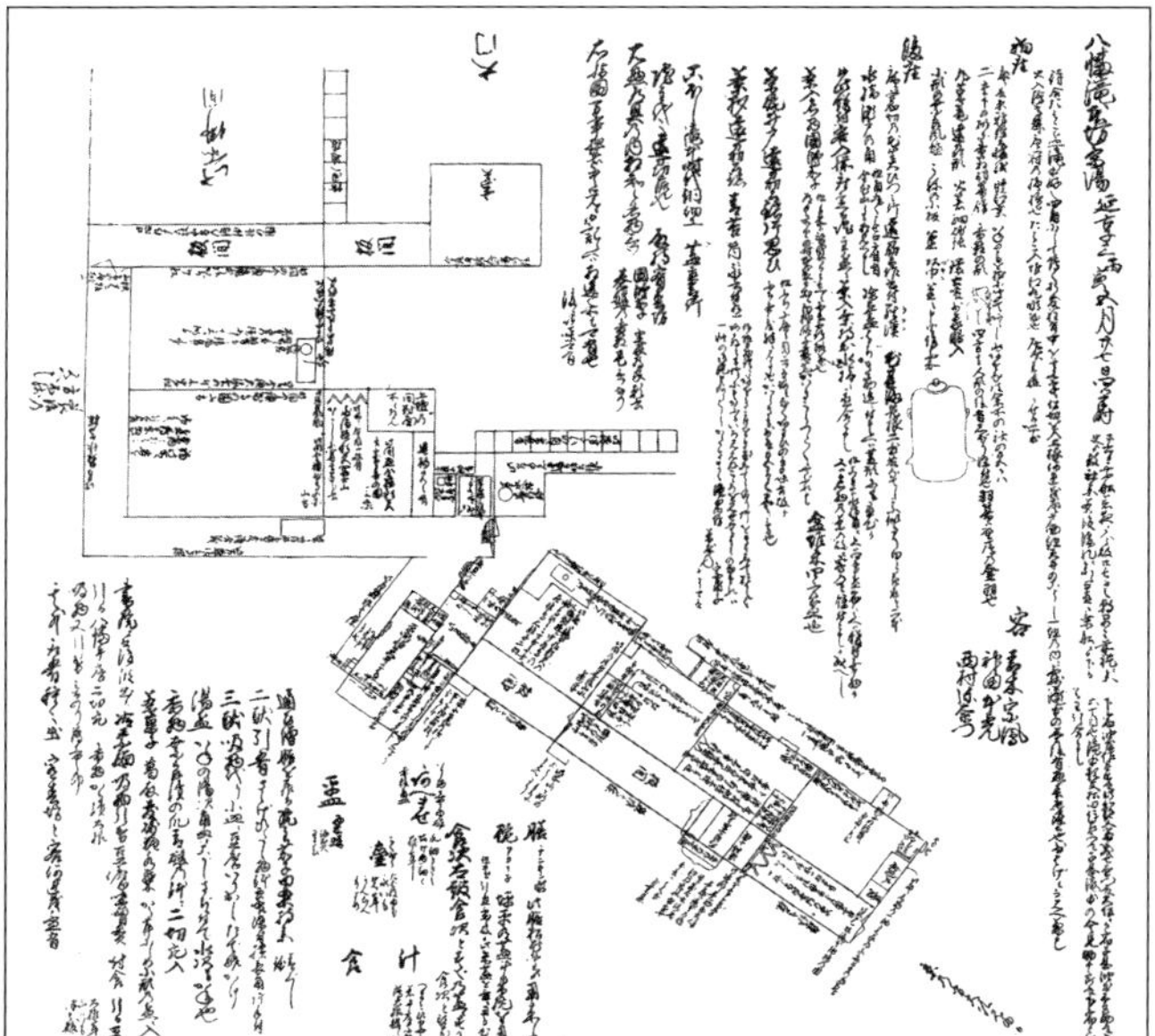

（図3）瀧本坊茶会記並数奇屋図（延享３年（1746））（末宗廣「瀧本坊数奇屋図について」より転載）

一一年（一七九九）に刊行された『都林泉名勝図会《みやこりんせんめいしょうずえ》』には、二枚の絵入りで松花堂を紹介している（図4、図5）。このことについては石清水八幡宮の工司である長濵尚次《ながはまなおつぐ》が著した『男山考《おとこやまこう》古録《ころく》』巻第九の「松花堂」の中に詳細な記述がある。

同泉坊境内、坊の艮位ニ今在、旧は北方にて少しく西へ寄て在しか、近頃今の所に転移たりと云、古は一宇の方丈也、南面檐下に松花堂の自筆の板額を懸、唐扉を鎖す、勤行の方丈室也、露地自然の樹木茂繁り、待合三所あり、中門又中潜りと称す、塀中小門あり、燈籠手水鉢等巧を盡したり、後人の意に任せて好みなせるにて、世俗茶室と思へるもむへ也、

（中略）

上に云如く後世茶室の如く思ひなし、浪花辺の豪商等俗意もて炉なと切穿て、大に師の意を損したる物也（後略）

上記の記述により、石清水八幡宮側では、大阪の豪商等により行われた改修について、あまり評価が高いものでなかったことがわかる。この改修後の庭園の様子については、他に『八幡

（図4）『都林泉名勝図会５巻』「松花堂全図」（国際日本文化研究センター所蔵）

（図5）『都林泉名勝図会５巻』「昭乗翁故居」（国際日本文化研究センター所蔵）

泉坊松花堂起絵図』（図6、東京国立博物館）や『名物数寄屋図』（国立国会図書館）によりその詳細を知ることができる。

明治以降の松花堂のこれまでの移築説

以下の文は、昭和七年に京都府が発行した『京都府史蹟名勝天然紀念物調査報告』第一三冊の一文である。

（前略）然るに明治維新となるや、男山八幡も亦大改変に遭ひ、殊に神仏分離の時変にあたつては男山に多年昌栄を誇りし社坊も一切停止の運に遭ひ、京都府にては明治七年の頃槇村知事が社坊取払を厳命する[1]あり。男山にては当時、瀧本坊の住職は乗道といひ泉坊のそれをも兼ねたり[2]。即ち取払の命急なるや、泉坊の客殿は当時山麓にありし大谷治麿（中山忠光卿の弟）へ六百両にて売られ[3]、其の邸地に移されたり、其地は八幡町字山路（今土地台帳には山柴という）といひ放生川の買屋橋のたもとにして、其址今、井村氏の有となれり[4]、其後大谷氏の去るや、件の客殿は明治十三年また山路より八幡町志水の南端即ち西車塚の前方部の東方に移されたり[5]。然るに此場所は低くして洪水等の憂あれば明治二十四年井上忠継氏、即ち西村芳次郎氏父は之を譲受

（図6）八幡泉坊松花堂真図（東博蔵『史跡松花堂およびその跡発掘調査概要』より転載）

け、更に東車塚の地に移し[6]、なほもとの泉坊の庭園をも此処に移したり。[7]（この移転に与りし大工は八幡志水の人藤下常次郎にして庭師は伏見の人植木屋幸七なり。[8]）

　かくの如くにして、八幡宮の坊舎にして、昭乗と縁故深き松花堂と泉坊の客殿庭園は、今や、東車塚なる一大古墳の上に築かれて、合せてこゝに保存せらるゝに至りしなり。（後略）

　著者は神宮皇学館教授の佐藤虎雄でこれ以降自身の著書『松花堂昭乗』（河原書店、昭和一三年）でも同様のことが述べている。さらに昭和三二年（一九五七）の史跡指定、平成二六年（二〇一四）の名勝指定の説明文にも引用され、文中に記載されている三回の移転や明治二四年に現在地に移築されたことが既成事実として認められてきた。

　しかし、近年石清水八幡宮の上地《あげち》に関する京都府行政文書（京都学・歴彩館所蔵）から上記の佐藤虎雄の内容とは異なる事実が判明してきている。このことに初めて言及したのは中村武生の『三宅安兵衛遺志《みやけやすべえいし》碑と八幡の歴史創出　その四』（「八幡の歴史を探る」七三号二〇一六年五月）であり、その後郷土史家の谷村勉『松花堂と大谷治麿のこと』（「八幡の歴史を探る」一一四号、二〇二三年三月）も大谷真二（大谷直 曽孫）の協力を得て、大谷直の戸籍調査等を実施して追加事実を公表している（表1）。

　これらの内容は、松花堂と泉坊書院が近世を通して石清水八幡宮境内に存在し、明治期を迎え、現在の松花堂庭園・美術館に至る大変重要な時期に当たる問題である。

　そこで、今回のタイトルを「明治期の松花堂移転は本当に繰り返されたのか」とし、新資料の整理を行い、松花堂及び泉坊書院の移築の経緯を再検討していきたいと考えている。

（表1）佐藤虎雄の文章と新資料、近年の研究との齟齬

番号	佐藤虎雄の文	成否	新資料記述	出典
1	明治七年、京都府の槇村知事が社坊取払を厳命。	△	明治七年八月御沙汰境内地居住不可、山下に居住すること	京都府行政文書 明07-0023-001 『綴喜郡社寺上地一件』
2	瀧本坊の住職は乗道。泉坊の住職も兼ねる。	×	滝本坊住職滝本乗親、泉坊は泉乗輝所有。	京都府行政文書 明07-0023-001 『綴喜郡社寺上地一件』
3	泉坊の客殿は山麓に居住していた大谷治麿（中山忠光卿の弟）に600両で売却。	×	明治五年、嶌村政保から建物だけ170円で買得。その後修理を加え明治7年頃居住を始めた。中山 治麿は明治4年分家し大谷直と改名（中山忠光の兄）	京都府行政文書 明07-0023-001 『綴喜郡社寺上地一件』 他
4	泉坊の客殿は八幡町字山路（今の土地台帳は山柴）の放生川買屋橋のたもと（現在、井村氏の所有地）に移築。	×	明治21年頃八幡町字山路放生川買屋橋のたもとの土地を購入。建物の移転計画中2回氾濫にあい、計画断念。書院を井上に売却	中村武生の『「三宅安平兵衛遺志」碑と八幡の歴史創出　その4』
5	其後大谷氏の去ると、明治13年客殿は八幡町志水の西車塚前方部の東方移築。	×	大谷氏は明治36年頃まで八幡に居住	「大日本咸一会主意規則」 明治36年3月23日
6	この地は低く洪水等の憂があるので、明治24年井上忠継が客殿を譲受け、東車塚の地に移す。	×	明治30年4月に井上忠継が東車塚古墳の敷地を買収し、その後造成し、明治31年2月21日上棟書院完成。松花堂は明治33年佐々木氏から買い取り再建。	書院棟札墨書銘 松花堂宝珠瓦露盤銘
7	もとの泉坊の庭園も此処に移す。	○	一次資料は確認できないが、石灯篭等あり	
8	この移転の大工は八幡志水の藤下常次郎。庭師は伏見の人植木屋幸七。	△	書院大工　　藤下常吉 松花堂大工　藤下常二郎	書院棟札 松花堂宝珠瓦露盤銘

＊番号は149－150頁の『京都府史蹟名勝天然記念物調査報告』第13冊の文に付したものを表す。

新事実を踏まえた明治以降の松花堂

●京都府行政文書等からの推定

まず初めに『綴喜郡社寺上地一件』(京都府行政文書:明〇七―〇〇二三―〇〇一)を見ていくことにする。

当時の石清水八幡宮を取り巻く状況は、慶応四年(一八六八)三月二七日に出された神仏判然令《しんぶつはんぜんれい》により、神仏習合の石清水八幡宮は大混乱に陥り、僧侶の身分の還俗、仏教関係の建物や什物の処分等が行われ、引き続き神社境内地の確定とその周辺地の上地の事務等が行われた。明治七年(一八七四)には、旧境内地を含む男山全体に社人であっても居住することは許されなくなる。

このようななか『綴喜郡社寺上地一件』によると、北久俊が所有していた泉坊南の家屋敷地(一三七坪)並びに藪は明治五年(一八七二)に谷村光訓に七〇円で譲られ、泉坊とその一段下の松花堂を含む部分(敷地面積二九二坪)は元泉乗輝の所有であったが、嶋村政保に権利が移り、明治五年に建物のみ一七〇円で大谷直《おおたになお》(公家で政治家、中山忠能《なかやまただやす》五男:明治五年に違姓分家)が取得している。明治七年には前述の男山全体に社人であっても居住することは許されなくなると谷村光訓と大谷直から、京都府に対して異議や早急に処分内容(移転補償)を決定してほしいとの申し立てがあった。泉坊の建物及び松花堂は、大谷直が建物購入後、改築をしていることから、早期の移築に対して京都府へ善処を求めた。回答は明治九年(一八七六)に行われたようで、建物の移築が行われるまで、公有地の拝借が許可され、居住が許されたようである。

一方、八幡に関する近世から昭和にかけて多数の文書を残している木村家文書の明治一一年(一八七八)

三月二九日の記述には、大谷直は八幡山路を含む地区五番組に移住していたようで、「五番組大谷直」と記されている。また同年一一月一四日に改められた『実地丈量一筆限下調帳』には、これまで言われていた山路二四番の北の敷地二五番に宅地として一二四坪を所有していることが確認できる。その後、明治二三年（一八九〇）五月には東高野街道沿いの八幡清水井の最南端の敷地に移転したようであるが、さらに明治三〇年（一八九七）には、北に六六〇メートルほどの距離にある八幡清水井の北端ないしは道を挟んだ八幡岸本あたりに居を移したようである。

以上のように大谷直については八幡を離れた事実はなく、墓も松花堂庭園・美術館の南西にある中ノ山墓地に娘婿に当たる大谷《おおたに》源蔵《げんぞう》により建立されている。ただこれら大谷直が居住した場所に泉坊書院・玄関や松花堂を移築していたかどうかは不明である。ただ大谷直の移築の経緯からみると山路二五番は大谷川に近く、洪水の被害もあったことから泉坊書院・玄関と松花堂の移築には至らず、明治二三年に他所に移る際、他の者に譲った可能性も考えられる。

再度京都府行政文書に戻るが、泉坊の南の敷地一三五坪半と建物を所有していた谷村光訓は、明治一一年三月にさらに五年官有地拝借願を京都府知事槇村正直《まきむらまさなお》宛に提出していることから、明治一一年段階でも境内に旧坊舎が残っていることがわかり、居住はともかくこの年代以降も泉坊書院・玄関と松花堂が石清水八幡宮境内地に残されていた可能性も十分あると考えている。

また、大谷直の移転の経緯は、昭和初期に佐藤虎雄が書いた松花堂移転の内容に酷似している（表1）。これは実際に松花堂を買い取り、移築した井上《いのうえ》伊《い》三郎《さぶろう》没後（明治四一年八月一九日没）京都市内の西村家に養子となっていた伊三郎の次男西村《にしむら》芳《よし》次郎《じろう》が昭和の初めに佐藤虎雄に話した内容とされるが、西村自身明治二六年から明治四一年頃までは京都市内を拠点として生活していたと考えられ、それ以前のことも含め大谷直の移転と松花堂移築の経緯についてあいまいな話をした可能性が高いものと考えられる。

●八幡山松花堂地絵図の存在

一方、松花堂の建物自体、移築の経緯を直接示す資料は発見されていないが、注目できる資料が存在する。それは、東京都立中央図書館に所蔵されている「木子文庫」の中の『八幡山松花堂地絵図《やわたやましょうかどうちえず》』(図7)と『明治二十八年　八幡山松花堂建絵図《やわたやましょうかどうたてえず》』である。木子家は中世から代々内裏修理職の大工を務めた家で、幕末から明治にかけて家督を継いだのは木子清敬《きごきよし》(一八四五〜一九〇七)であった。清敬は明治天皇の大嘗祭関係の作事に伴い東京に移住し、明治四年四月から大蔵省、明治六年一月から宮内庁に移り、明治一四年四月から明治宮殿などの造営に携わり、明治二二年一月から帝国大学工科大学造形家学科日本建築学講師となっている。

『八幡山松花堂地絵図』を東京都立中央図書館で実検したが、一部に墨が付着した跡や炉の位置を書き直している点など、実際に現地で実測調査した野帳であることがわかる。一方『明治二十八年　八幡山松花堂建絵図』は『八幡山松花堂地絵図』に基づき明治二八年に製作された起こし絵図である。同様の実測調査は清敬が帝国大学の日本建築学講師を拝命した明治二二年頃から明治二四年にかけて青木利三郎《あおきりさぶろう》と林準次郎《はやしじゅんじろう》の二名の協力者により、東京及び近畿地方(京都・滋賀・奈良他)の社寺等で頻繁に実施され、配置図や平面図・立面図・詳細図等が製図されたことが知られている。『八幡山松花堂地絵図』もこれらの古社寺調査と同様に詳細な書き込みがあり、同様な手法で調査されていることから、起こし絵図が作成された年代からあまり離れていないときに調査されたものと考えられる。地絵図の詳細を確認すると竈《かまど》の隅切や水屋の棚・竹すのこの納まり、下地窓の位置等、ルーツを異にする近世の松花堂絵図との齟齬《そご》はなく、もし石清水八幡宮境内から移築を受けた建物の実測であれば何がしかの変更点が確認できるものであるが、このような齟齬もまったく感じられないものである。

さらに『八幡山松花堂地絵図』自体、「八幡山……」と石清水八幡宮境内に残っていたことを示唆している点を踏まえると、明治二〇年代まで泉坊境内に残存していた可能性があるものと考えられる。

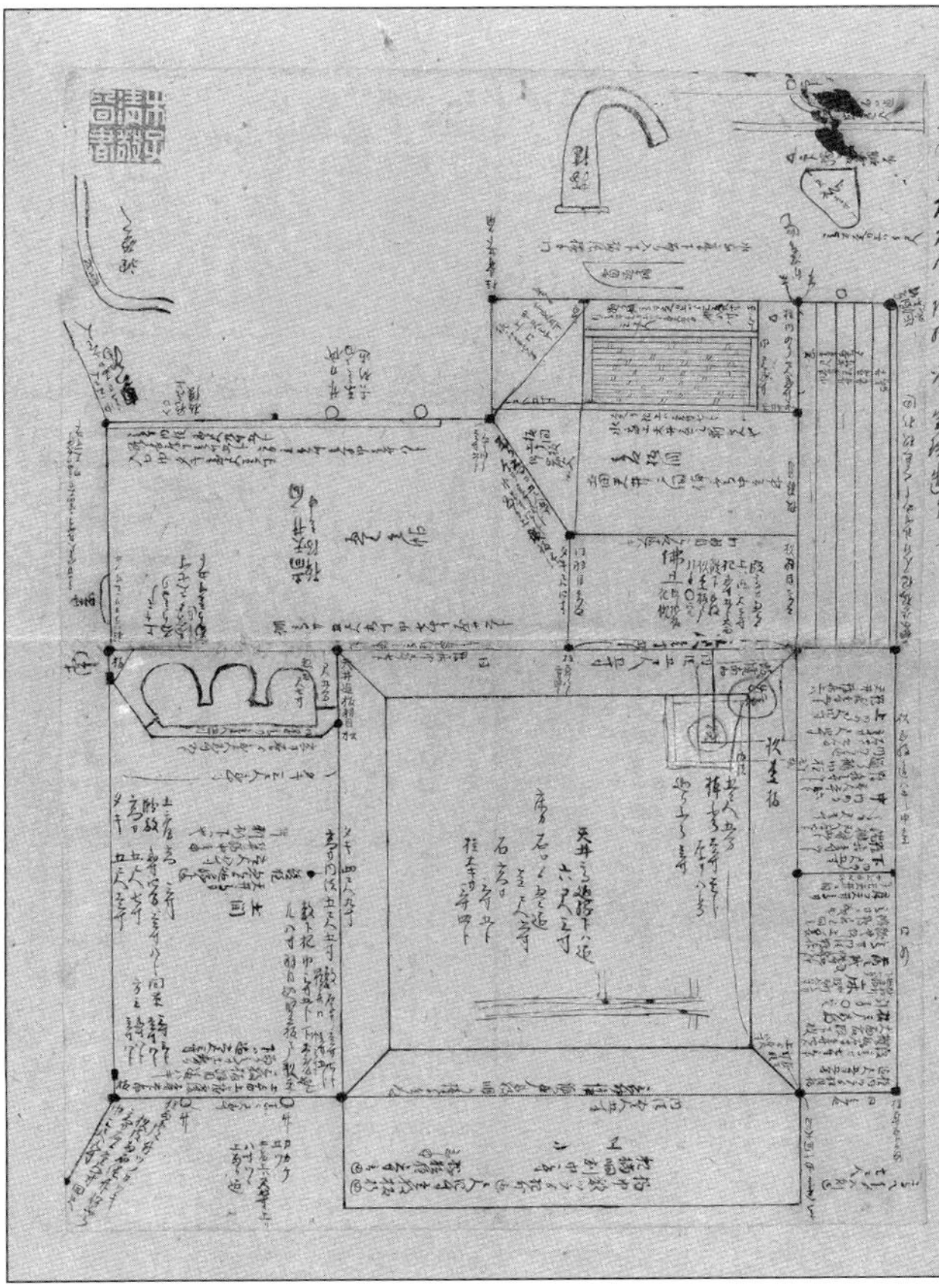

（図７）八幡山松花堂地絵図（東京都立中央図書館木子文庫）

●西村静子の証言

さらに、西村芳次郎の娘である西村静子（明治三五年生）の話によると「伊三郎は和歌の雅号を忠継《ただつぐ》と称し、八幡平谷の松花堂旧跡で昭乗の墓所でもある泰勝寺近くの「山ノ井戸」脇の地に解体集積してあった松花堂と泉坊客殿の遺構を購入し、明治三二年～三三年頃現在の地に再建したという。」との記述があるが、静子が生まれる前の話であり、父の西村芳次郎ないしは女郎花七九番地を明治四三年に相続した叔母の井上とき（明治二三年生）から聞かされていた内容と考えられる。解体された建物が再建されるまで、健全な状態で保存される期間は十年程度と考えられることから、前の指摘と共に明治二〇年代まで旧八幡宮境内に残っていた傍証になると考えられる。

　その後、明治三〇年（一八九七）四月一三日に井上伊三郎名義で購入された京都府綴喜《つづき》郡八幡町大字八幡庄字女郎花《おみなえし》七九番地の地に泉坊書院と玄関を含む住宅が建設され、翌明治三一年（一八九八）に完成した（図8）。その後明治三三年（一九〇〇）に八幡町内の佐々木氏が所有していた松花堂を井上伊三郎が買い取り同じ女郎花七九番地に移築したようである（図9）。建物移築後、井上は『都林泉名勝図会』等の古図を参考にして、伏見の植木屋幸七及び地元の大工で書院の移築に関わった藤下常吉と共同で、往時の松花堂の露地庭の復原に努めたと伝えられている。

天下泰平　戊明治三拾有一稔　施主
井上伊三郎
上棟式　補助
前川伊三郎
日月清明　戌二月廿一日良辰　工事棟梁
藤下常吉

（図8）書院棟札墨書名

雄徳山泉坊松花堂者
明治三歳神佛混淆被
建分佛ニ附属品悉皆
撤却其際山下佐々木氏
買受之　旹明治三拾有三
次歳仝氏買譲之宇月の
岡移致設之
井上伊三郎
斎主　西村芳次郎
棟梁藤下常二郎
補助吉村常吉
仝　吉川新太郎
瓦師吉田粂五郎

（図9）松花堂宝珠瓦露盤銘（新資料）

まとめ

今回の調査の中では、近年発見された京都府立京都学・歴彩館所蔵の京都府行政文書以上に、大きな発見はなかった。しかしこれまで定説となっていた佐藤虎雄の明治以降三回の移転を経て、現在の八幡市八幡女郎花七九番地に至ったとの説は、移転の時期や場所を含めてきわめて不確実な内容であることは証明できたのではないかと考えている。

今後とも八幡市内を中心とした明治以降の松花堂移転に関する資料の収集に努め、より正確な移転の経緯を追求していきたいと考えている。

最後にこのような調査の機会をいただいた京都府立京都学・歴彩館の「京都府域の文化資源に関する共同研究会」に感謝するとともに、調査の協力をいただいたすべての方に謝意を表します。

参考文献

◎石清水八幡宮社務所　一九三九『石清水八幡宮史』続群書類従完成会
◎石清水八幡宮社務所　一九六〇　復刻『石清水八幡宮史料叢書』続群書類従完成会
◎京都府　一九三二『京都府史蹟名勝天然紀念物調査報告』第一三冊
◎中村昌生　一九七四『茶匠と建築』鹿島出版会
◎堀口捨巳　一九六九『茶室研究』鹿島研究所出版会
◎八幡市教育委員会　二〇一五『史跡松花堂およびその跡　史跡等・登録記念物・歴史の道保存整備事業報告書』
◎八幡市教育委員会　二〇二〇『名勝松花堂及び書院庭園保存活用計画書』

コラム4

松花堂弁当の誕生秘話

平井俊行

松花堂《しょうかどう》と聞いて皆さんは何を連想されるだろうか。ほとんどの方が松花堂弁当と答えるだろう（図1）。では次に松花堂弁当とはどのようなものかと再質問すると四角い塗りの容器の中を十文字に四分割した弁当と答えるだろう。

さらに松花堂弁当の松花堂とは何ですかと聞くと、はて何のことかなとクエスチョンマークが付くのではないだろうか。そこではじめに松花堂について触れる。

洛南の八幡《やわた》の地は、平安時代から石清水八幡宮《いわしみずはちまんぐう》が鎮座し、都の裏鬼門に当たるため、天皇家の厚い崇拝を受け、伊勢神宮に次ぐ第二の宗廟と称される。さらに八幡神が源氏の氏神となったため、武士たちからも信仰を集めます

（図１）松花堂弁当

ます繁栄していく。境内には本殿のほか神仏習合の思想により薬師如来を祀る本堂や複数の多宝塔、これらの施設や組織を管理するための僧侶が多数生活している。そのようなか、江戸時代の初めにここ石清水八幡宮を中心として、文化活動に造詣の深い一人の僧侶がいた。その名を昭乗《しょうじょう》といい、幼少期から近衛家に出入りし書を学び、十代には石清水八幡宮に入る。その後、高僧の実乗に師事し、後に自身も阿闍梨《あじゃり》の位にまで登る高僧となる。一方、書の世界では松花堂流または瀧本流と呼ばれる一流派を確立し、後の時代近衛信尹《のぶただ》・本阿弥《ほんあみ》光悦《こうえつ》とともに「寛永の三筆」と呼ばれる。茶の湯は小堀遠州との親交の中で深い芸術性を磨き、絵画の世界でも独自な画風で当時の人々を魅了していく。武士や

公家、僧侶のほか商人や職人とも広く交際し、ここ男山にひとつの文化サロンを築く。この昭乗が隠居をする際、建てた三メートル四方の建物を松花堂と名付けたことから、松花堂とはその建物の名であり、さらに自身のことを松花堂昭乗と名乗ったことから、この人物を指すようにもなる。

　この松花堂昭乗が、農夫の四つに分かれた種入れ箱を見たとき、自身の道具入れとして利用できると考え、四つの間に花鳥の絵を描き、春慶塗の漆を掛けて、絵の具入れなどに利用したようである。その後石清水八幡宮内の松花堂昭乗ゆかりの坊舎ではこの四つ切の器を茶道具の煙草盆などとして利用したようである。

　時は変わり近代となる。明治になっても書や絵画、お茶の世界では松花堂昭乗はその名を留めている。石清水八幡宮境内にあった松花堂昭乗ゆかりの建物は廃仏毀釈の影響で山下に移され大正年間には近代の茶人有志により松花堂昭乗の寺院や墓所の整備、松花堂会と呼ばれる茶会を催すようになる。これらの中で松花堂昭乗ゆかりの四つ切の器をおときに利用するようになっていく。

　その四つ切の器を松花堂昭乗ゆかりの寺院で見かけた吉兆の創業者湯木貞一《ゆきていいち》が、冷たいものと温かいお料理を同時に出すことができる点心に利用できるのではないかと考え、その器を一ついただき、大きさを調整し、中に塗り物や焼き物の器を入れ、蓋を付けるなどの改良を加えて開発したものである。この点心に名前を付ける際、松花堂昭乗ゆかりの地で四つ切の器を頂戴したことから蓋の表に「松花堂」の焼印を押し、松花堂弁当と名付けた。

　明治後半から大正年間にかけて、茶室の中の茶懐石とは異なる大寄せの茶会が多くなってきたことから、大勢の方を一度にもてなす方法として考案された面もあり、煮物の汁も入れることのできる弁当は、当時の弁当の常識を覆す画期的な発明であった。

　時は下り一九八〇年の東大寺大仏殿の五日間の落慶法要の際には、初日一日で一三〇〇個を、一九八五年の表千家依頼の大徳寺法要の際は一日二千個、三日で六千個の弁当を準備できたのは、松花堂弁当の器があったからだと湯木貞一は話している。

参考文献

◎湯木貞一　一九八二『吉兆　味ばなし』暮らしの手帳社
◎末廣幸代　二〇二二『吉兆　湯木貞一―料理の道―』吉川弘文館

男子普通選挙における無産政治勢力・国粋会的勢力の形成と政治文化の変容

―「城南」地域を中心に―

杉本　弘幸

はじめに

本稿は、一九二八年二月の第一回男子普通選挙（以下、普選と省略）実施前後の洛南で、どのように無産政治勢力が形成され、政治文化の変容がおこったのかという問題を、「城南《じょうなん》」地域を中心に明らかにする。なお、「城南」地域とは当時の衆議院選挙区である京都府第二区（以下、二区と省略）に含まれる紀伊郡、宇治郡、久世《くせ》郡、綴喜《つづき》郡、相楽《そうらく》郡全域を指している。また無産政治勢力は、無産政党及びその支持組合や「無産」を標榜する政治勢力を、国粋会《こくすいかい》的勢力は大日本国粋会（以下、国粋会と省略）など、国粋主義や日本主義などを標榜する勢力を指している（杉本弘幸 二〇二一、二〇二四a、二〇二四c）。

一九二八年二月二〇日、田中義一内閣の下で、日本最初の普選が実施された。普選の実施に伴い有権者は、従来の約三〇〇万人から一二〇〇万人へと約四倍増となった。納税資格の撤廃に伴い、約九〇〇万人が新たに選挙権を獲得し、政治参加の道が開かれることになった。新有権者の動向は選挙結果を左右する可能性があり、投票行動は注目された。

従来の研究では、侠客《きょうかく》などの「顔役」による都市下層社会動員の分析を前提として、無産政治勢力も、被差別部落や水平運動に関わりながら、侠客や相撲興行など国粋会的勢力にも深く関与したことが指摘されている（重松正史 二〇〇二）。また、普選で市会に参入した社会運動の担い手に限定されない新中間層や大工場の雇用労働者などの「無産派」が、自治の担い手になったが、左翼無産勢力や都市下層社会、女性などが排除されたと論じられている（加藤千香子 二〇〇一、二〇〇三）。そして、「無産」を標榜し、社会運動に関わっていない人々がその代表者を名乗り、都市社会の区会や町内会レベルの行政・自治組織にも進出し、運動に参加していない民衆を含み込んだ政治参加が指摘されている（大岡聡 一九九七、二〇〇一、源川真希 二〇〇一、中村元 二〇一八）。当時の社会問題や生活問題に対応し、無産政治勢力が、社会運動参加者以外の無産大衆を支持基盤として、各地で一定の政治的進出を果たすという事実が指摘されている。今後は、帝国大学や旧制大学出身者だけでなく、広く無産政治勢力を担った人々が、演説や選挙ポスター・ビラ・看板などで、民衆にどのように「無産」という政治文化を駆使したのか。そして、いかに民衆の支持を得ようとしていたのかを、明らかにしていく必要がある（有馬学 一九八〇、一九八八、伊東久智 二〇二〇、福家崇洋 二〇一一、二〇一二、伊東久智 二〇一二、高野宏康 二〇〇七、二〇〇八、梅田俊英著・法政大学大原社会問題研究所編 二〇〇一、玉井清 二〇一三）。そこで、一九二八年二月の第一回普選で、八人の無産政党当選者のうち、二人を出した京都府、その中でも山本宣治《やまもとせんじ》が当選した口丹波《くちたんば》と「城南」地域を選挙区とする二区を中心に叙述していく。これまで、一般的には、京都市域の京都府第一区（以下、一区と省略）

で水谷長三郎《みずたにちょうざぶろう》、郡部の二区で山本宣治が当選し、「水長・山宣」の呼称で、戦後の「革新京都」の先駆けとして、伝説化されてきた。これまでの研究では、特に二区の選挙については、ほぼ無産政党左派の労働農民党（以下、労農党と省略）の山本宣治と農民組合の動向のみが、描かれてきた。それは、当時唯一、郡部で無産政治勢力が議席を獲得した選挙区で、研究史上注目されたことによる（渡部徹 一九六八、松尾尊兊・田中真人 一九七六、松尾尊兊 一九七八）。本章では、普選以降の政治文化の変容を明らかにするために、まず京都市内の事例をとりあげる。その後、洛南地域を含みこむ郡部の「城南」地域で、政治文化がどのような変容をとげたのかを明らかにしたい。

京都における普選と政治文化の変容

●民主主義・平和主義・社会主義——上田蟻善を事例に——

まず、京都における普選による政治文化の変容の具体例の一つとして、上田蟻善《うえだありよし》（以下、蟻善と省略）という人物を取り上げたい。蟻善は老舗の口入屋上田屋に生まれ、京都薬学専門学校（現在の京都薬科大学）を卒業し、京都帝国大学病院をへて、市内中心部の三条富小路《さんじょうとみのこうじ》にウエダヤ薬局を開業した。実費診療や施薬も行っていた。彼は様々な初期社会主義の雑誌を講読、投稿し、みずからも雑誌『へいみん』を刊行し、各地の社会主義者と交流した（図1）。そして、甲種要視察人となり、特別高等警察（以下、特高）の監視対象となった。特高の監視は厳しいもので、店や家屋の監視、訪問、スパイの派遣が日常だった。しかし、蟻善の薬屋としての商売は順調で、一九二三年には薬剤師京都代表者の一人だった。蟻善は大蔵《おおくら》流狂言師でもあり、多くの人々との交流があった。狂言の腕や能楽の素養は素人レベルを超えており、京都の能楽界にも貢献していた。だが、蟻善はそんな自分をシニカルに眺めており、能楽というブルジョアな趣味にひたりながらもプロレタリアの解放を叫ぶ「じれんま」を抱えていた。そして、大衆演劇の役者である曾我廼家五《そがのやご》郎《ろう》・志賀廼家淡海《しがのやたんかい》・沢田正二郎《さわだしょうじろう》とは親友であった。さらに南座観劇会の活動にも関与していた。このような、狂言、演劇などを通じた多彩な交友関係も支持基盤につながっていった。アナーキスト蟻善は一九二七年になると、無産政党右派の社会民衆党（以下、社民党と省略）京都支部結成に参加する。蟻善は京都府会議員選挙に立候補した。薬業界と社民党員の支持を得て、当選が確実視されていたが、次点で落選した。京都の社民党は普選第一回の総選挙でも大敗し、左派の労農党にくらべ、勢力は著しく劣っていた。

　京都の社民党は商工業者やホワイトカラー中心である創立者たちの小市民的性格が強く、広範な労働者の支持を得ていなかった。一九二九年五月の京都市会議員選挙では中京区から立候補し、選挙区内の大衆すべての支持を得ようと積極的な選挙戦を行った。薬業界、職業紹介所組合、スター食堂グループなどの支援を受け、既成政党の個別訪問や買収の不正（図2）を訴えた（杉本弘幸 二〇二〇）。

（図1）上田蟻善の個人誌『へいみん』4号（1915年6月1日、個人蔵）

蟻善は、堺利彦《さかいとしひこ》や宮武外骨《みやたけがいこつ》と交流し、彼らの過激で、ユーモラスかつ、寓話風の権力批判や社会批評に強い影響を受けていた。その影響は蟻善の発行していた『へいみん』や彼の日記や書簡などにもうかがえる。蟻善のレトリックは、現代的見地からみれば、表現に大きな問題もあるが、ユーモアとウイットに満ちたものであった。もちろん、堺利彦や宮武外骨の影響も大きいが、この独特のレトリックは、すでに彼が大蔵流狂言師でもあり、古典芸能や大衆芸能の役者たちと広く交流していたというバックグラウンドも大きく影響していた。蟻善は彼なりに、入念かつ、真剣に考えて、演説のメモや草稿を書き、「言論戦」の準備をし、無産大衆に語りかけようとしたのである。そして、歌や演説などで、現代的見地からみれば、大きな問題もあるが、そのユニークでウイットに富んだ語り口を、蟻善は発揮していた。このような蟻善の言説が受け入れられる背景には、当時の京都市における生活問題や社会問題から課題を引き出し、ユーモアとウイットに富んだレトリックとパフォーマンスを武器として、平易にわかりやすく、無産大衆に語りかけようとしたことにあったろう。蟻善のポスターやチラシは、彼の演説などの内容も反映させながら、「文書戦」も積極的に行っていたことがわかる。当時としては、ポスターもゴシック体やデザインを駆使した目立つものだった。チラシの内容も無産大衆に訴えかけるもので、インパクトのあるものだったと考えられる（図2、3）。彼は、堺利彦の東京市会議員選挙に大きな影響を受け、労働者や小市民

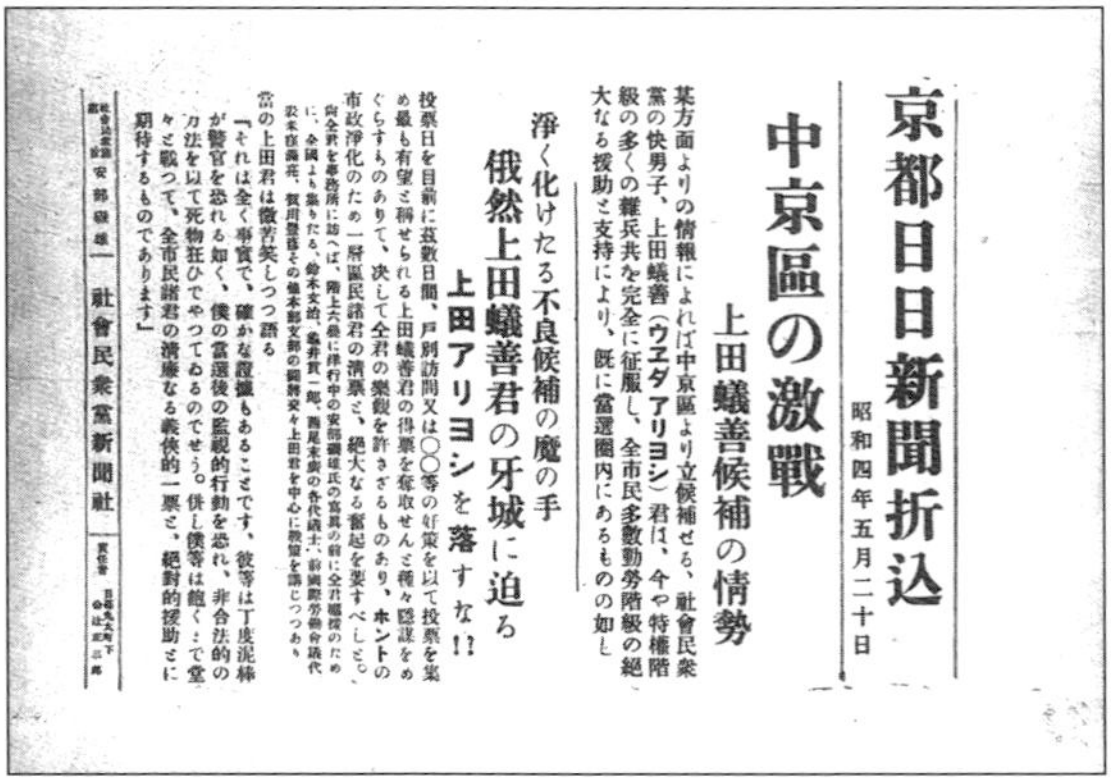

京都日日新聞折込

昭和四年五月二十日

中京區の激戰

上田蟻善候補の情勢

某方面よりの情報によれば中京區より立候補せる、社會民衆黨の快男子、上田蟻善（ウエダアリヨシ）君は、今や特權階級の多くの雜兵共を完全に征服し、全市民多數勤勞階級の絶大なる援助と支持により、既に當選圏内にあるものの如し

淨く化けたる不良候補の魔の手

俄然上田蟻善君の牙城に迫る

上田アリヨシを落すな!!

投票日を目前に茲數日間、戸別訪問又は○○等の奸策を以て投票を集め最も有望と稱せらるる上田蟻善君の得票を奪取せんと種々陰謀をめぐらすものあり、決して全君の樂觀を許さざるものあり、ホントの市政淨化のため一層區民諸君の清票と、絶大なる奮起を要すべしと。

當の上田君は微苦笑しつつ語る

「それは全く事實で、確かな證據もあることです、彼等は丁度泥棒が警官を恐れる如く、僕の當選後の監視的行動を恐れ、非合法的の方法を以て死物狂ひでやつてゐるのでせう。併し僕等は飽くまで堂々と戰つて、全市民諸君の清廉なる義侠的一票と、絶對的援助とに期待するものであります」

社會民衆黨新聞社

（図2）上田蟻善京都市会議員選挙戸別訪問・買収告発チラシ（1929年5月20日、個人蔵）

を含み込んだ無産大衆全体に、訴えかける戦術をとった（杉本弘幸 二〇二二）。

その結果、社民党候補者で唯一の当選を果たし、無産政党候補者の最高得票だった。市会議員選挙で無産政党議員は五名当選した。蟻善以外の全員が労働者の出身で労働運動・無産運動の闘士であった。蟻善は市会活動では、無産政党議員団の一員として活動しつつも既成政党の意見書提出にも協力していた。また、労働争議の調停、社民党設立の診療所設立などに関与した。しかし、同時並行で無産政党合同運動が進んでいた。京都でも普選第二回総選挙で無産政党候補は惨敗した。世論は無産政党内部の対立・抗争による共倒れを、激しく非難した。蟻善も仲間とともに京都の無産政党合同運動を推進した。しかし、無産三党即時合同論者の蟻善は、無産政党中間派の大衆党との合同共同委員会設置を推進する社民党本部から、除名されてしまう。蟻善は仲間とともに社民党府連と対抗した。彼らは大衆党と労農党と組織をつくり、京都で実質的な三党合同を成し遂げたのである（杉本弘幸 二〇二〇）。

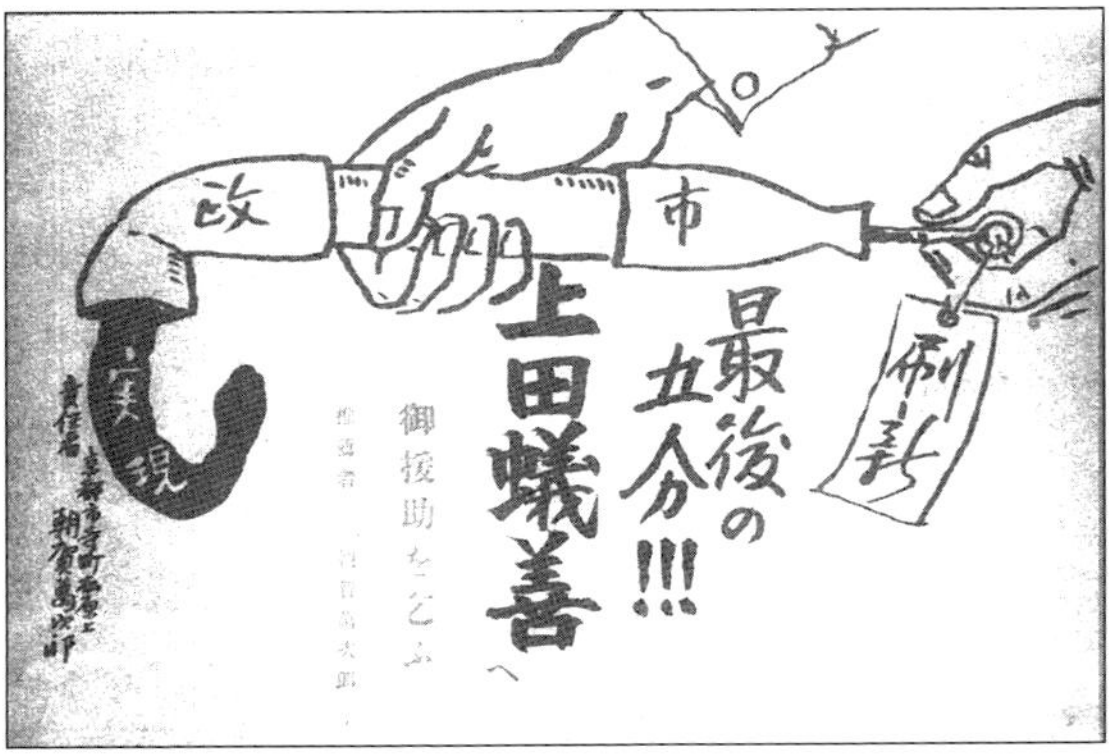

（図3）上田蟻善京都市会議員選挙終盤戦チラシ（1929年5月頃、個人蔵）

●無産政治勢力・国粋会的勢力の支持基盤形成―京都府第一区を事例に―

では、蟻善に代表される「無産」という政治文化は、どのように普選で機能したのだろうか？ 京都市域における政治文化の変容過程を、京都市内の市街地を対象とする一九二八年二月の京都第一区（以下、一区と省略）の選挙を素材にみていきたい。京都府内は政友会が伝統的に優勢であったが、都市部を中心に憲政会・民政党が勢力を伸ばしていた。政友会候補は苦戦が予想され、民政党と実業同志会が独占すると見られていた。一区の無産政治勢力の支持基盤は、左派の評議会系労働組合が大半だったが、せいぜい一〇〇〇人程度だった。

京都における国粋会系勢力のあり方を、国粋会京都本部長をつとめていた増《ます》田《だ》伊《い》三郎《さぶろう》を事例に見る。増田は被差別部落出身で、土建業を起こし、侠客となった。その財力は巨大で、直接的な子分は五〇～六〇名、間接的な子分は相当数におよぶ。大和同志会、帝国公道会、国民研究会などの融和団体、水平社にも寄付をし、部落出身者としての自意識があった。増田が率いる国粋会京都本部は、一五〇〇～二〇〇〇人程度の会員がいたと推測される。また、増田は紛争の仲裁や、寺社への寄付など、地域社会の仲裁・維持機能も様々な形で果たしていた。

第一回普選の前段階として、普通選挙による京都府議戦上京区・下京区の状況をみてみよう。無産政党は、京都においては、勝算があるとされていた。労農党・社民党ともに、選挙戦も一定の手応えがあった。その結果、労農党は、二名当選した。社民党は二人とも次点だった。上京区・下京区で労農党六一五五票、社民党二八七〇票だった。一方、国粋会的勢力は在郷軍人で、予備役陸軍少将杉村勇次郎、土木建築請負業の日《ひ》暮《ぐらし》正《まさ》路《じ》を中心に、国粋大衆党として、政治的進出を果たそうとしていたが、他の政友会で

（図４）1925年７月頃の水谷長三郎
（永末英一編　1963、47頁）

立候補した国粋会系候補を含めても、約二〇〇〇〇票にとどまり、すべて落選した。

一区では、無産政治勢力である労農党水谷長三郎は、言論戦を主体とし、ポスターも二万枚程度配布していた。すでに労農党の勢力は府議選でも証明されており、当選もかなりの確率で可能であると考えられていた（図4）。水谷には、労働者だけではなく、商工業者やサラリーマンなどの小市民の投票もあったとされていた。国粋会的勢力は日暮正路が当初に立候補していたが、杉村勇次郎も参戦した。日暮は、国粋会を支持基盤に、国家主義や皇室中心主義を前面に掲げて活動した。彼の立候補理由は、増田伊三郎との対抗心からの「男の意地」もあった。杉村は在郷軍人と西本願寺が支持基盤であった。国粋会京都本部長増田伊三郎も立候補した。当初政友会候補とされていたが、政友会の公認を断り、中立候補として立候補した。増田の選挙事務長は元衆議院議員で、政友会の大物かつ、国粋会理事長の中安信三郎《なかやすしんざぶろう》だった。当時の新聞取材によると、増田は「勇み肌と異名をとった増田伊三郎は天下の男、無産労働者の真の友として、男一匹売ってきました」と訴えている。「仁義」と「任侠」のアピールが無産大衆に対する支持獲得につながると考えていたのである。

好取組
候補者の本陣を訪ねて……四
大君の國粹主義に
すつかり惚れ込む日暮夫人
これも勇肌の増田軍

（図5）増田伊三郎・日暮正路に関する取材記事（『京都日出新聞』1928年2月1日夕刊）

また、増田と日暮が「好取組」で争って

いると報じられている（図5）。

結果として、水谷長三郎が第四位、八七八一票で、当選を果した。府議選の得票に約二〇〇〇票ほどの上積みであった。無産政治勢力全体でも一万一〇二八票だった。国粋会的勢力の得票は、三候補合わせて、八六八一票におよび、一本化すればほぼ当選ラインであった。水谷当選の要因は、特定の支持基盤や地域からの集票のみではなく、市域全体の無産階級や小市民から支持を得たことにあるだろう。無産政治勢力、国粋会的勢力の落選した候補は、特定の支持層や地域でしか得票できなかったといえる。しかし、水谷の当選は、周囲の人々の尽力や労農党人気によるものであり、水谷の人気ではないとされていたのである。また、選挙後も国粋会的勢力は無産政治勢力に対して、対抗心を燃やしていた。

このように、一区の無産政治勢力に関しては、労農党内の路線対立を乗り越えた形での水谷長三郎の当選のみが、クローズアップされてきた。だが、国粋会的勢力も全体として、当選ラインの無産政治勢力の得票に迫る票を得ていた。彼らは府議選ではまったく不調であった。衆議院選挙では、それぞれが、支持基盤を持つ、杉村や増田などの候補が出馬することによって、いわゆる「無産票」も大きく割れたと考えられる（杉本弘幸 二〇二四a）。

第一回普選と「城南」地域

●第一回普選府会議員選挙と城南地域

それでは、このような政治文化の変容が、郡部の「城南」地域で、どのような機能を果たしたのか、二区の選挙を中心にみてみよう。政友会所属の衆議院議員長田《おさだ》桃蔵《とうぞう》は久世郡淀《よど》町長、奈良電気鉄道専務、京都競馬倶楽部理事長などを務めた。一九一七年四月、衆議院議員に当選し、衆議院議員を通算四期務めた。彼の娘の多喜子が谷川徹三に嫁ぎ、高名な詩人である谷川俊太郎の母方の祖父となった（図6）。

まず、一九二七年九月の普選第一回京都府議選の情勢をみてみよう。府議選前に、政友会支部と革新倶楽部の争いで、長田桃蔵が、政友会京都府支部長を辞任していた。だが、郡部選出の府会議員は、二二名のうち、一五名が政友会であり、府会で勢力を誇っていた。「城南」地域は、府内で第一の激戦地とみられていた。久世郡は一部が農民運動の洗礼を受けた結果、労農党が政友会の長年築いた支持基盤に迫ろうとしていると報じられていた。さらに、紀伊郡では、八名の立候補者が演説会を五〇回以上行い、毎夜、六か所ほどで演説会が行われていた。伏見、深草両町では、各候補の立看板やポスターなどがはりめぐされていた。「城南」地域では、政友会の支持基盤は南桑田《みなみくわた》郡、綴喜郡、相楽郡、乙訓《おとくに》郡、久世郡とされていた。一方、民政党は、宇治郡、紀伊郡を支持基盤としていた。

（図6）長田桃蔵（『海外2月號（12）』1928年、115頁）

普選第一回府議選では、戸別訪問が禁止され、演説会による言論戦とビラやポスターによる文書戦に限られているので、各候補とも激烈な選挙運動を行っていた。二区選挙区内における京都府議選の得票をみてみよう（表1）。まず、北桑田《きたくわた》郡、船井《ふない》郡は政友会候補の無投票当選となった。愛宕《おたぎ》郡は、政友会候補

（表 1）普選第 1 回京都府議選結果（第 1 回普選衆議院選挙京都府第 2 区選挙区内）

選挙区（定員）	氏名（○は当選）	党派	職業	得票数
愛宕郡（1 名）	○北波長三郎	立憲政友会	農業	1672
愛宕郡（1 名）	伊藤栄夫	立憲民政党	農業	1399
葛野郡（1 名）	○太田嘉兵衛	中立	農業	3231
葛野郡（1 名）	森英吉	労働農民党	米穀商	2003
乙訓郡（1 名）	○井上英次郎	立憲政友会	農業	2130
乙訓郡（1 名）	芳山正城	立憲民政党	農業	1365
乙訓郡（1 名）	小野治三吉	労働農民党	農業	710
紀伊郡（2 名）	○田中祐四郎	立憲民政党	公吏	2515
紀伊郡（2 名）	○石田吉左エ門	立憲民政党	絵具製造	2098
紀伊郡（2 名）	安田英之助	中立	農業	1366
紀伊郡（2 名）	野田輿三郎	中立	船舶螺旋鋲製造業	925
紀伊郡（2 名）	長谷川宗次郎	立憲政友会	会社重役	863
紀伊郡（2 名）	久保元	立憲政友会	農業	513
紀伊郡（2 名）	藤井音次郎	立憲政友会	新聞記者	493
紀伊郡（2 名）	熊谷久吉	労働農民党	農業	432
宇治郡（1 名）	○内川宇三郎	中立	米穀商	1432
宇治郡（1 名）	大野木万次郎	立憲政友会	会社員	901
宇治郡（1 名）	黒澤繁彌	立憲政友会	医師	897
久世郡（1 名）	○池本甚四郎	立憲民政党	農業	2266
久世郡（1 名）	上林楢道	立憲政友会	会社員	1496
久世郡（1 名）	阪本兵蔵	労働農民党	酒醤油業	806
綴喜郡（1 名）	○西村嘉治	中立	農業	2595
綴喜郡（1 名）	半谷玉三	労働農民党	木型工	2231
綴喜郡（1 名）	岡井利一	立憲政友会	農業	1774
綴喜郡（1 名）	平原光親	日本農民党	僧侶	1362
綴喜郡（1 名）	谷村久吉	立憲民政党	医師	1223
相楽郡（1 名）	○福井晴吉	立憲政友会	農業	3094
相楽郡（1 名）	土橋芳夫	立憲民政党	酒造京	2186
相楽郡（1 名）	宮内熊太郎	立憲政友会	石炭商	1355
相楽郡（1 名）	堀芳次郎	労働農民党	農業	838
南桑田郡（1 名）	○保野昌平	立憲政友会	農業	3153
南桑田郡（1 名）	藤田敬治	中立	弁護士	1295
南桑田郡（1 名）	小田美奇穂	労働農民党	弁護士	1280
北桑田郡（1 名）	○磯部清吉	立憲政友会	農業	無投票
船井郡（1 名）	○奥村英一	立憲政友会	公吏	無投票

（出典）『京都滋賀毎日』1927 年 9 月 27 日、『大阪朝日京都滋賀版』1927 年 9 月 27 日、『京都日出新聞』1927 年 9 月 20 日夕刊。

が、民政党候補を僅差で制した。葛野《かどの》郡は労農党候補が約二〇〇〇票得票するなど善戦したが、中立候補が約一〇〇〇票以上の差をつけて当選した。乙訓郡は、政友会候補が、民政党と、労農党の候補を合わせた得票も上回り、圧倒的得票で当選した。定員二名に九名もの立候補があった激戦地紀伊郡では、民政党候補二名がそろって当選した。次点は中立候補であった。政友会候補三名は、共倒れし、いずれも下位にとどまった。宇治郡も中立候補が当選した。政友会候補二名は共倒れして落選した。久世郡は民政党候補が勝利を収めた。政友会と労農党の候補は届かなかった。綴喜郡は、中立候補が当選したが、労農党候補が次点で約三〇〇票までに迫る健闘を見せた。政友会、民政党候補とも下位に沈んだ。相楽郡は政友会候補が当選した。南桑田郡は政友会候補が当選した。政友会が、無投票当選二名を含んで六名、民政党が三名、中立候補が三名当選した。以上のように、普選第一回の京都府議選においては、郡部でも、政友会が圧倒的優勢というわけではなかった。

さらに、党派別の得票数をみてみよう（表2）。政友会が約一万八〇〇〇票、民政党が約一万三〇〇〇票、中立が約一万票、労農党が約六三〇〇票、日本農民党が約一四〇〇票となっている。民政党も郡部においても政友会に約五〇〇〇票と迫っている。また、政友会以外の得票を合計すると約三万票を超え、郡部における政友会の優位は覆っていた。さらに無産政

（表2）普選第1回京都府議選党派別得票数（第1回普選衆議院選挙京都府第2区選挙区内）

党派	得票数（得票率）	備考
立憲政友会	18,341（37.3%）	北桑田郡と船井郡は政友会候補が無投票当選
立憲民政党	13,052（26.6%）	
中立	9,674（19.7%）	
労働農民党	6,397　（13%）	
日本農民党	1,362　（2.8%）	
合計	49,115（100%）	

（出典）『京都滋賀毎日』1927年9月27日、『大阪朝日京都滋賀版』1927年9月27日、『京都日出新聞』1927年9月20日夕刊。

治勢力の得票も合計すると約七七〇〇票もあり、無視できるような勢力ではなかった。選挙後の分析では、戸別訪問が禁じられていたため、これまでの泣き落としや狩り出しなどが通用せず、それらに頼ってきた候補者は得票が少なかった。そのため、演説をやり続けた無産政治勢力候補が支持を得たとされていた。また、城南地域では、政友会は長田桃蔵が選挙指揮をとっていながら、紀伊郡で政友会候補が同士打ちするなど、候補者調整に失敗した影響も大きかった。さらに、長田の根拠地であるはずの久世郡で、政友会候補が落選し、民政党候補が当選した。長田の選挙指揮は第一回府議選では、不調に終わった（杉本弘幸 二〇二四b）。

●政友会・民政党京都支部の京都府第二区公認候補者問題

それでは、一九二八年二月の第一回普選衆議院議員選挙をみていこう。二区の当選予想では、三人の当選枠のうち、政友会は二名、民政党は一名という予想がたてられていた。民政党京都支部長川崎《かわさき》安之助《やすのすけ》は、当選確実、政友会京都支部長の長田桃蔵の再起は疑問視され、伏見町の中野《なかの》種一郎《たねいちろう》に譲ると予想されていた。そのほか、三候補が既成政党から出馬するとみられていた。民政党川崎は、もともと民政党の支持基盤である乙訓郡を中心に、紀伊郡、宇治郡、葛野郡、愛宕郡に固い支持基盤がある。政友会長田は、城南地域一帯に勢力を誇っていた。

衆議院解散後、同年一月二五日に、政友会京都支部では、府内の公認候補者の選定を進めていた。二区では、長田桃蔵の他に中野種一郎、磯部《いそべ》清吉《せいきち》のいずれかが公認となると予想されていた。だが、長田と中野は支持基盤が双方とも、城南地域で重なっており、調整が難しい。また、磯部は口丹波三郡では圧倒的な支持基盤を有しているが、城南地域で長田と同士討ちをすることになるので、三名の候補者で調整が必要であると報じられていた。また、別の報道では、公認は、長田は確定で、中野、磯部のどちらか一名となるとされていた。一方、民政党の二区公認候補者は、川崎安之助、片岡安《かたおかやすし》の両候補が有力とされていた。こうして、二区の立候補者はいまだ、労農党の山本宣治のみだった（図7）。

政友会、民政党の両京都支部は同士討ちを避けるために、公認を絞り、候補者の濫立を防ごうとしていた。これらは今回、中選挙区制となり、二区として、一選挙区となった。政友会としては、二名の当選をめざそうとしていた。しかし、長田桃蔵の他に、中野種一郎が出馬の意向を示していた。また、口丹波三郡を支持基盤とする磯部清吉も出馬の意思を示している。どちらも政友会京都支部の重要人物で、調整が困難を極めているとしていた。民政党も、紀伊郡、乙訓郡を支持基盤とする川崎安之助の他にもう一名の公認候補も検討していた。

その後、同年一月三〇日には、やはり城南地域を支持基盤とする長田桃蔵と中野種一郎が同時に立候補しては、民政党などに漁夫の利をさらわれる可能性が高い。そのため、中野が政友会の先輩長田に譲る形で、出馬を見合わせることとなったと報じられた。中野は辞退したものの、中野を推した伏見町の政友会員は脱党すると憤慨していた。第二区における山本宣治の一人舞台は、ようやく同年二月二日に民政党の川崎安之助の立候補によって解消された。特に政友会京都支部は、公認争いが熾烈で、それが導火線となって、京都市会議員の政友会離党も起こり、動揺がおさえられなかった（杉本弘幸 二〇二四b）。

（図7）山本宣治（佐々木 1998、口絵）

●政友会長田桃蔵・労農党山本宣治の立候補と選挙戦

労農党山本宣治は、同年一月二九日、久世郡における政見発表演説会を皮切りに、連日連夜、城南地域一帯で選挙活動を行っていた。同年二月四日に、政友会公認候補長田桃蔵と磯部清吉は立候補した。民政党がもう一人二区で、公認候補を立候補させるかが焦点であった。長田は、ようやく二月六日から、選挙活動を開始した。長田の支持基盤は、衆議院選挙京都旧四区の綴喜郡、相楽郡、久世郡、宇治郡であった。しかし、演説会などを開催しているのは、労農党山本宣治のみで、他候補はいまだ開催しておらず、無競争にひとしいと報じられていた。

二区の情勢について、北桑田郡出身の政友会磯部清吉は、南桑田郡、北桑田郡、船井郡の普選前からの有権者はほとんど、磯部に投票するため、安泰とされていた。労農党山本宣治も、南桑田郡、船井郡両郡の農民や小作人たちから、普選前の府議選落選への雪辱と大きな声援が与えられている。城南地域では、民政党川崎安之助が、乙訓郡、紀伊郡、葛野郡に強い支持基盤を持っていた。政友会長田桃蔵も、中野種一郎伏見町長が出馬を断念したので、有利となっている。労農党山本宣治は、久世郡、綴喜郡、相楽郡の小農民や小作人にも支持を得ており、既成政党の候補者にとって、強敵であると報じられていた。長田の支持基盤の一つは、久世郡であったが、府議選において、政友会候補が落選しており、得票が以前のようには見込まれないとされていた。民政党は候補者難もあり、川崎安之助一人に公認候補者を絞った。

労農党山本宣治は、各地で遊説を行い、同年二月一二日に伏見町で演説会を開き、その積極的な選挙運動は、既成政党候補に警戒されていた。政友会磯部清吉は、南桑田郡、北桑田郡、船井郡の口丹波三郡を固めつつあった。政友会では、長田桃蔵と磯部清吉が地盤協定を行い、磯部が南桑田郡、北桑田郡、船井郡の口丹波三郡と城南の愛宕郡、葛野郡の両郡を取る。長田が、両郡を除く「城南」地域一帯を取ると定められた。投票日直前の二区における「城南」地域八郡の情勢は、まず綴喜郡、相楽郡は政友会長田桃蔵の支持基盤であるが、民政党川崎安之助が攻勢をかけていた。さらに久世郡、宇治郡では、長田桃蔵の支持基盤は防衛されているが、この地域はもともと、政友会、民政党の派閥の影響力が明確であり、お互い従来の支持基盤を維持しつつある。紀伊郡、乙訓郡両郡は、民政党の支持基盤である。政友会長田桃蔵は、この地域を侵食しているが、民政党川崎安之助は、それを全力で死守している。また、労農党山本宣治や、他派の勢力も入り乱れて、混戦となっていると報じられた。また、労農党山本宣治は、他候補より早く運動をしていたので、最も有利な立場にある。城南一帯から、口丹波にかけての南桑田郡、船井郡の農民や小作人に勢力を伸ばしている。また、一説では、長田桃蔵の支持基盤を崩しているとしていた。民政党川崎安之助は、長年培った勢力があり、人望もある。また、紀伊郡は民政党の支持基盤であり、二区の六候補中最も優勢である。得票は二万票を超えるだろうといわれていた。政友会長田桃蔵は、多年の勢力を誇る城南一帯を固め、愛宕郡、葛野郡、宇治郡の三郡にも進出している。また、城南地域においては、山本宣治によって、かなり圧迫されているがいまだ有力であるとされていた（杉本弘幸 二〇二四b）。

●選挙結果と既成政党支持基盤の変容

それでは、選挙結果と既成政党支持基盤の変容をみてみよう（表3）。まず、民政党の川崎安之助は、約二万二〇〇〇票と圧倒的な得票数を獲得し、トップ当選をした。民政党京都支部は公認候補を一人に絞り、確実に当選させる戦術をとり、成功したといえよう。城南地域をくまなく得票し、愛宕郡、乙訓郡、紀伊郡では、半数を超える得票を得ている。特に大票田である紀伊郡で、約六割を超える得票があった。

（表 3）第 16 回衆議院選挙京都第 2 区開票結果・開票所別得票率（立候補 6・定数 3）

	氏名	所属党派 / 得票率	愛宕郡	葛野郡	乙訓郡	紀伊郡	宇治郡	久世郡	綴喜郡	相楽郡	南桑田郡	北桑田郡	船井郡	合計
○ 1	川崎安之助	立憲民政党	1652	2219	2422	6440	1547	1271	1703	2426	758	183	1129	21750
		得票率	54.1%	35.6%	55.7%	60.4%	45.2%	26.3%	24.5%	30%	12.4%	4.6%	12.9%	
○ 2	磯部清吉	立憲政友会	972	2061	14	48	36	12	29	21	3092	3491	5125	14901
		得票率	31.8%	33%	0.3%	0.5%	1.1%	0.2%	0.4%	0.3%	50.7%	87.4%	58.5%	
○ 3	山本宣治	労動農民党	173	1672	802	2105	749	1613	1575	1825	2041	250	1606	14411
		得票率	5.6%	26.8%	18.4%	19.8%	21.9%	33.4%	22.6%	22.6%	33.4%	6.3%	18.3%	
4	長田桃蔵	立憲政友会	216	105	1085	1749	961	1831	2648	3397	48	39	68	12147
		得票率	7.1%	1.7%	24.9%	16.4%	28.1%	37.9%	38.1%	42%	0.8%	1%	0.8%	
5	平原光親	革新党	21	76	25	240	102	92	987	405	82	18	130	2407
		得票率	0.7%	1.2%	0.6%	2.3%	3%	1.9%	14.2%	5%	1.3%	0.5%	1.5%	
6	奥村治郎	中立	18	107	4	73	24	15	17	7	82	14	709	1141
		得票率	5.9%	1.7%	0.1%	0.7%	0.7%	0.3%	0.2%	0.1%	1.3%	0.4%	8.1%	
合計			3052	6240	4352	10655	3419	4834	6959	8081	6103	3995	8767	66757

（出典）『京都日出新聞』1928 年 2 月 15 日、2 月 22 日、『京都日日新聞』1928 年 2 月 23 日。○印は当選者

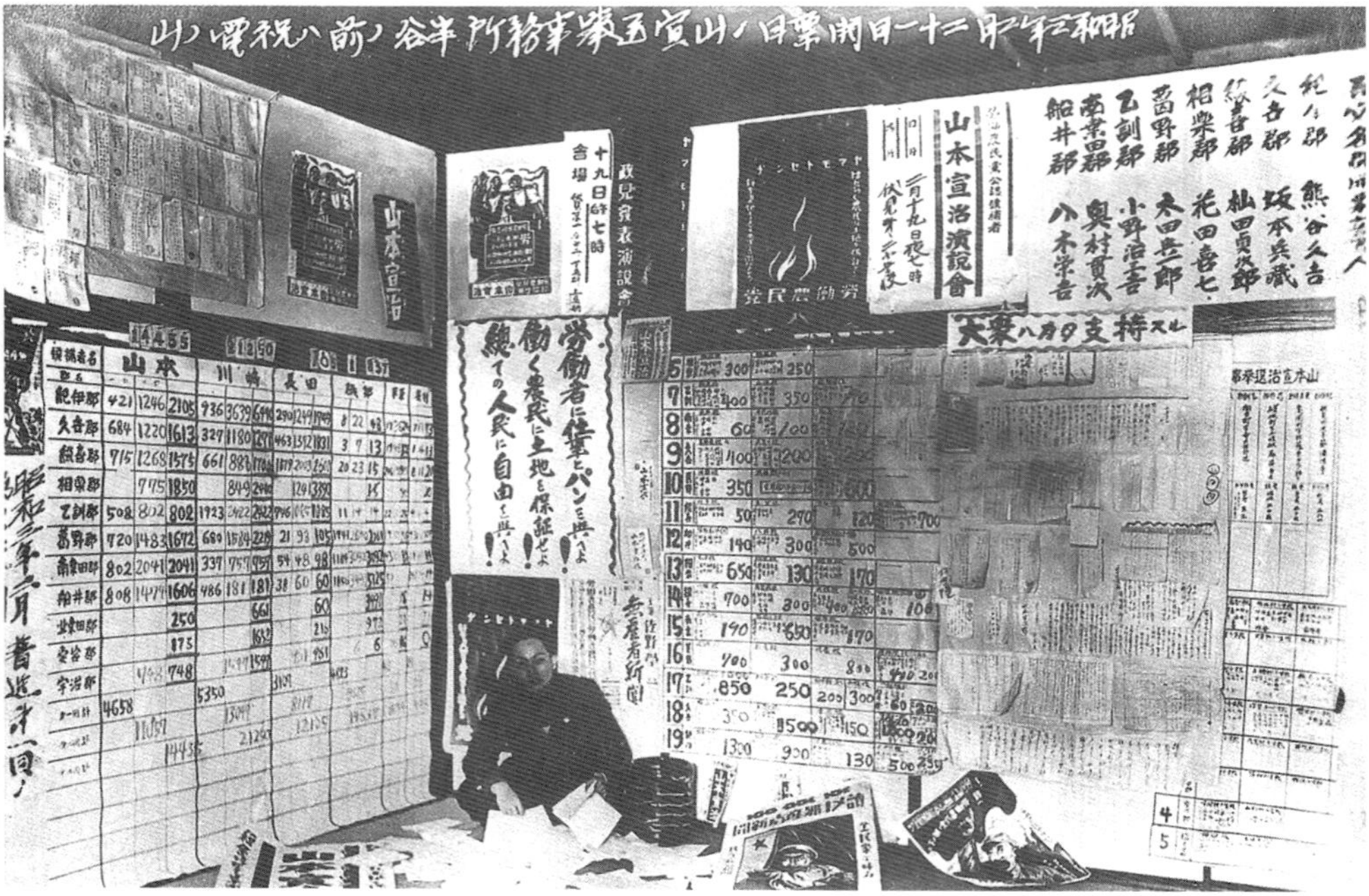

（図 8）1928 年 2 月 21 日第 1 回男子普通選挙開票日の山本宣治事務所の様子（京都新聞社編 1984、133 頁）

次に政友会磯部清吉は、城南地域では愛宕郡、葛野郡以外は、地盤協定で長田桃蔵に譲っている。しかし、北桑田郡、南桑田郡、船井郡の口丹波三郡で、半数を超える得票を得た。特に北桑田郡では約九割に迫る圧倒的得票であり、きっちりと支持基盤を固めた勝利であった。労農党山本宣治は愛宕郡と北桑田郡以外の各郡で約二~三割の得票を得ている。特に久世郡と南桑田郡では約三割を超える得票があった。長田は、愛宕郡、葛野郡以外の城南地域を地盤協定で得ていたが、最高は相楽郡の四二%で、久世郡、綴喜郡も三割程度の得票しかできなかった。民政党川崎と労農党山本の双方に支持基盤を侵食され、得票が伸び悩んだ。磯部とは異なり、政友会の支持基盤を固めきれなかったのである。長田桃蔵の落選は、政友会京都支部に大きな衝撃を与え、「富と勢力を誇っていた長田桃蔵君がもろくも一敗地にまみれた」と報じられていた。また、長田の敗因は第一に政友会京都支部が中野種一郎の立候補を抑圧したことに対する政友会員の反感と動揺があった。第二に長田が島本銀行倒産前に、事前に自分の預金のみを引き出し、「城南」一帯の人々の憤激をかった島本銀行事件の影響もあり、「城南」方面の得票が少なかった。第三に既成政党候補に比べ、圧倒的な運動量を誇った労農党山本宣治の影響力を軽視していたとされていた(図8)。

さらに党派別の得票率を府議選の表2と、衆議院選の表4をみながら比較してみよう。府議選における中立候補の得票が、政友会、民政党、労農党の三者に振り分けられる結果となった。政友会は、公認候補を二人出したものの、わずか約三%の伸びである。しかも、府議選においては、北桑田郡と船井郡で、政友会候補が無投票当選したことを考えると、実質は、

(表4)第16回衆議院選挙京都府第2区党派別得票数・得票率

党派	得票数(得票率)	備考
立憲政友会	27048(40.5%)	立候補者2名
立憲民政党	21750(32.6%)	
労働農民党	14411(21.6%)	
革新党	2407 (3.6%)	
中立	1141 (1.7%)	
合計	66757(100%)	

(出典)『京都日出新聞』1928年2月22日、『京都日日新聞』1928年2月23日

得票率は減少したといえるだろう。一方、民政党は公認候補の一本化をはかったが、約六％の伸びがあった。最も得票率が上がったのが、労農党である。約九％の伸びがあり、日本全国で唯一の郡部における衆議院議員選挙の無産政治勢力候補の当選につながった。長田は民政党と労農党に挟撃され、彼や政友会の持つ城南地域における支持基盤を維持することができず、敗れたのである（杉本弘幸 二〇二四b）。

おわりに

本稿では第一に、京都における普選による政治文化の変容の具体例の一つとして、上田蟻善をとりあげた。彼はアナーキストから出発し、無産政党右派である社民党に所属したユニークな人物である。彼は京都薬業界の世話役の一人であり、狂言や大衆演劇によるネットワークなど名望家に近い存在形態だった。彼の言説が受け入れられた背景には、当時の京都市における生活問題や社会問題から課題を引き出し、ユーモアとウイットに富んだレトリックとパフォーマンスを武器として、平易にわかりやすく、無産大衆に語りかけようとしたことにあったろう。蟻善のポスターやチラシをみてみると、彼の演説などの内容も反映させながら、「文書戦」も積極的に行っていたことがわかる。ポスターもゴシック体やデザインを駆使した目立つものだった。チラシの内容も無産大衆に訴えかけるもので、インパクトのあるものだった。選挙戦も名望家的な支持基盤を固めつつ、大衆にはそのレトリックとパフォーマンスで支持をうけ、当選を果たした。

第二に、蟻善に代表される「無産」という政治文化は、どのように普選で機能したのかを京都市内の一区の選挙戦で明らかにした。国粋会京都本部長を務めていた増田伊三郎を代表として、国粋会的勢力も一定の支持基盤を持っていた。一区については、無産政治勢力が議席を獲得できる見込みが大きいとされていた。水谷長三郎は言論戦を主体とし、労働者のみではなく、小市民からも得票し、当選を果たした。これまで、一区の無産政治勢力に関しては、労農党内の路線対立を乗り越えた形での水谷長三郎の当選のみが、クローズアップされてきた。だが、国粋会的勢力も全体として、当選ラインの無産政治勢力の得票に迫る票を得ていた。彼らは府議選ではまったく不調であった。衆議院選挙では、それぞれが支持基盤を持つ候補が出馬することによって、いわゆる「無産票」も大きく割れたと考えられる。

第三に、都市部で生まれた政治文化の変容が、郡部の城南地域で、どのような機能を果したのか、二区の選挙戦をみてみた。政友会所属の衆議院議員長田桃蔵は、政友会の大物政治家であった。普選となり、戸別訪問が禁止され、演説会による「言論戦」や、ビラやポスターの大量配布による「文書戦」が中心となると、新しい選挙に対応できなかった既成政党の候補者は落選し、得票を減らした。普選第一回の京都府議選においては、郡部でも、政友会の支持基盤が揺らいでいた。さらに、「城南」地域では、長田の根拠地であるはずの久世郡でも政友会候補が落選してしまった。第一回普選衆議院議員選挙をみていくと、政友会は公認候補の調整を行い、「城南」地域をともに支持基盤とする長田と中野種一郎が同時に立候補すれば、共倒れの可能性が高いため、中野は政友会の先輩長田に譲る形で、出馬を断念した。しかし、中野を推していた政友会員は脱党すると憤激した。政友会京都支部は、公認争いが熾烈で、京都市会議員の政友会離党も起こり、激しく動揺した。政友会は地盤協定を行い、長田は、愛宕郡、葛野郡を除く「城南」地域一帯を取るとされた。労農党山本宣治は、「城南」一帯から、口丹波の農民や小作人に勢力を伸ばしていた。そして、長田は選挙に敗れた、敗因は第一に政友会京都支部が中野種一郎の立候補を抑圧したことに対する政友会員の反感と動揺、第二に島本銀行事件の影響、第三に山本宣治の影響力の軽視があげられていた。こうして、長田は普選での府議選以降、「城南」地域における支持基盤を維持することができなかった。

こうした、無産政治勢力・国粋会的勢力の形成と既成政党支持基盤の変容は、普選による政治文化の変容がもたらしたのである。

参考文献

◎有馬学　一九八〇「「前期学生運動」と無産政党リーダーシップの形成」『年報・近代日本研究二　近代日本と東アジア』山川出版社

◎有馬学　一九八八「田所輝明と満州事変期の社会大衆党」『史淵』一二五

◎伊東久智　二〇一二「明治・大正期における早稲田大学雄弁会」『早稲田大学史記要』四三号

◎伊東久智　二〇二〇「第一次大戦後の前期学生運動にみる男性性」『歴史評論』八四三号

◎梅田俊英著、法政大学大原社会問題研究所編　二〇〇一『ポスターの社会史』ひつじ書房

◎大岡聡　一九九七「昭和恐慌前後の都市下層をめぐって」『一橋論叢』一一八―二

◎大岡聡　二〇〇一「戦間期都市の地域と政治」『日本史研究』四六四号

◎加藤千香子　二〇〇一「都市化と「大正デモクラシー」」『日本史研究』四六四号

◎加藤千香子　二〇〇三「一九一〇～三〇年代川崎における政治状況の変容過程」大石嘉一郎・金澤史男編『近代日本都市史研究』日本経済評論社

◎京都新聞社編　一九八四『写真で見る京都１００年』京都新聞社

◎佐々木敏二　一九九八『山本宣治　下　改訂版』不二出版

◎重松正史　二〇〇二『大正デモクラシーの研究』清文堂出版

◎杉本弘幸　二〇二〇「無産政党地方議会議員の支持基盤形成」『大原社会問題研究所雑誌』七四〇号

◎杉本弘幸　二〇二一「一九二〇―三〇年代無産政党の支持基盤研究とアーカイブズ」福家崇洋・立本紘之・杉本弘幸編著『社会民衆新聞・社会大衆新聞』第五巻　三人社
◎杉本弘幸　二〇二三「「無産」という政治文化」『民衆史研究』一〇三号
◎杉本弘幸　二〇二四ａ「無産政治勢力・国粋会的勢力の支持基盤形成」法政大学大原社会問題研究所・榎一江編著『無産政党の命運』法政大学出版局
◎杉本弘幸　二〇二四ｂ「第一回男子普通選挙における既成政党支持基盤の変容」京都府立京都学・歴彩館編『令和五年度京都府域の文化資源に関する共同研究会報告書（洛南編）』
◎杉本弘幸　二〇二四ｃ「合法地方無産政党再考」立本紘之・福家崇洋・杉本弘幸・渡部亮編著『中間派無産政党機関紙集』別冊　琥珀書房
◎玉井清　二〇一三『第一回普選と選挙ポスター』慶應義塾大学出版会
◎高野宏康　二〇〇七「演説のちから」『歴史民俗資料学研究』一二号
◎高野宏康　二〇〇八「雄弁家としての永井柳太郎」『歴史民俗資料学研究』一三号
◎中村元　二〇一八『近現代日本の都市形成と「デモクラシー」』吉田書店
◎永末英一編　一九六三『水谷長三郎伝』水谷長三郎伝刊行会
◎松尾尊兊・田中真人　一九七六「第一章第二節「水長・山宣」」『京都の歴史』九巻　学芸書林
◎松尾尊兊　一九七八「第三章第二節「山宣」と無産運動」『宇治市史』四巻
◎源川真希　二〇〇一『近現代日本の地域政治構造』日本経済評論社
◎福家崇洋　二〇一一・二〇一二「一九二〇年代前期における学生運動の諸相（上）（下）」『京都大学大学文書館研究紀要』九・一〇号
◎渡部徹編著　一九六八『京都地方労働運動史（増補版）』京都地方労働運動史編纂会

コラム5

淀に競馬場がやってきた！

杉本弘幸

一九二五年一二月一日に、淀《よど》の地に京都競馬場は完成した。現在も、同じ場所に存在する京都競馬場は、そもそもなぜ、淀に建設されたのだろうか？

全国各地で競馬会や競馬倶楽部の創設熱が高まるなか、一九〇七年三月一五日、社団法人京都競馬会は設立認可を受けた。一九一〇年には、京都競馬倶楽部（以下、倶楽部と省略）と改称した。第一回の京都競馬は、一九〇八年に新設された島原《しまばら》競馬場で開催された。島原競馬場は、近世初期からの歴史のある島原遊郭に隣接して位置していたが、一九一二年一一月一日に火災で大部分が消失してしまった。倶楽部は一九〇八年一〇月から、馬券による興行が禁止された影響で、財政難であった。そのため、京都市内周辺の各地を新たな移転先として調査したが、うまくいかなかった。結局、「魚河岸《うおかし》の政」あるいは「佃政《つくまさ》」とよばれた東京佃島《つくだじま》の侠客である金子政吉《かねこまさきち》が一〇万円を出資することになり、丹波地域の船井郡須《しゅう》知《ち》町（現在の京丹波町）蒲生野《こもの》に競馬場を造成した。

倶楽部は、一九〇八年一〇月の馬券禁止令以来、金子政吉に実権を握られていた。ただし、金子と深い付き合いのある理事が相次いで死去したことで、倶楽部の運営は、理事長に就任した淀町長、衆議院議員を歴任し、奈良電鉄を創設した長田桃蔵《おさだとうぞう》をはじめ、倶楽部会長の京阪電鉄専務の渡辺嘉一、そして、長田と大阪財界で親交のあった二宮秀に握られた。理事長に就任した長田は、渡辺、二宮とともに、競馬場を交通不便な丹波地域から、京都市近郊に移転させようと計画した。そして、二宮は金子と東京で幾度も面談を行い、元倶楽部会長で貴族院議員の関直彦も関与し、金子は相当な金額で倶楽部の経営権を譲渡することに合意した。この背景には一九二三年に競馬法が制定され、条件付ながら馬券の販売が合法化されたことも影響していた。

淀に居住し、立憲政友会所属の衆議院議員でもあった長田は、京阪電鉄に対して、淀にある約八万四千坪の所有地に、競馬場を建設することを合意させた。また、淀周辺の大地主である中野種一郎《なかのたねいちろう》や、伏見の侠客増田伊三郎《ますだいさぶろう》が率いる土木建築請負業者増田組の山本吉松も用地調達に尽力した。そのほか、地元一体となった誘致活動で約一〇万坪の借地を用意した。こうして、競馬場を須知町から、淀に移転させることが決まったのである（図1）。

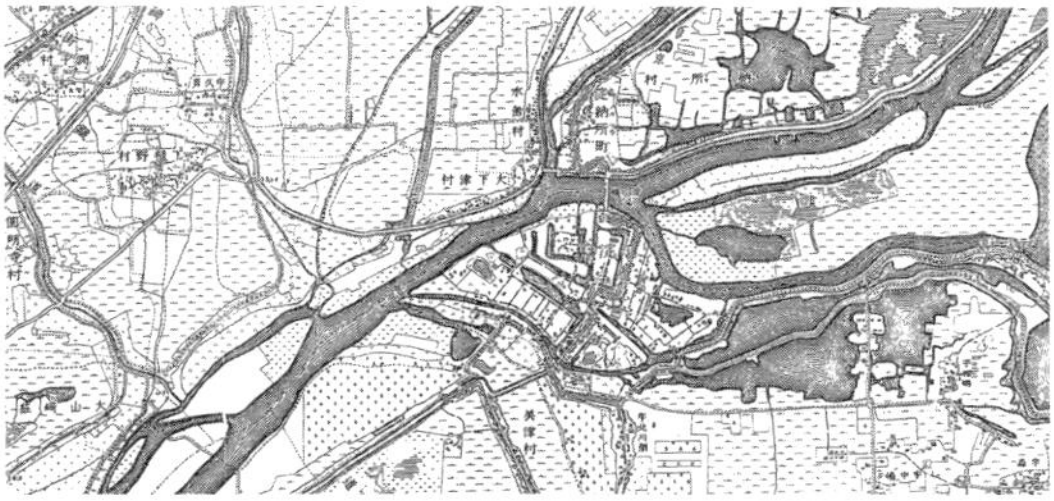

（図１）日本陸軍陸地測量部「二万分之一地形図」（1890 年）

（図２）1925 年竣工当時の京都競馬場全景（日本中央競馬会京都競馬場 1995）

倶楽部は京都府と京阪電鉄の間に、約一〇万坪の借地契約を結んだ。そして、一九二五年四月三日に、京都競馬場新設工事が開始された。馬場、馬見《ばけん》所《しょ》、厩舎《きゅうしゃ》の敷地を埋め立てし、造成することから、競馬場新設の大事業が始まった。馬見所やその他の設備の建設は、増田組が請負った。しかし土地は、宇治川と淀川の中州にある広大な湿地帯であった。また、現在馬場中央にある池は当時長さ二五〇m、幅六五mもあった（図1）。このため、縦横に排水鉄管を敷設して、馬場中央の埋め立てや整地を行ったが、工事は難航を極めた。そして、京都競馬場は同年一二月一日に竣工した。馬場敷地面積は、二万六八九二坪、建物敷地面積一万八三八一坪、そのほかが五万二二〇六坪、合計九万七四七九坪（約三二万平方メートル）で、すべて借地であった（図2）。建設総額は約三〇万円であった。

倶楽部の財政は、馬券販売解禁によって、立ち直ってきた。ただし、敷地がすべて借地のため、無理をしてもすべて買い入れることが得策だと考えられた。そこで、倶楽部は農林省に官有地を除く八万八〇四三坪を購入したいと申し入れ、認可された。倶楽部は早速、土地の買収を進め、一九二八年四月九日に完了した。土地買収には八五万八五四五円かかり、倶楽部は約五〇万円の借入金を背負った。しかし一九二七年には、倶楽部は東京競馬倶楽部を抜いて、馬券の売り上げが日本一になるなど、馬券収入が増加し、五年後には借入金を完済した。こうして、京都競馬場は、リニューアルを経て、淀の地にいまも建ち続けているのである。

参考文献

◎杉本弘幸　二〇二四a「無産政治勢力・国粋会的勢力の支持基盤形成」法政大学大原社会問題研究所・榎一江編著『無産政党の命運』法政大学出版局
◎杉本弘幸　二〇二四b「第一回男子普通選挙における既成政党支持基盤の変容」京都府立京都学・歴彩館編『令和五年度京都府域の文化資源に関する共同研究会報告書（洛南編）』
◎西川幸治編　一九九四『淀の歴史と文化』淀観光協会
◎日本中央競馬会京都競馬場　一九九五『京都競馬場七〇年史』
◎日本中央競馬会京都競馬場　二〇〇五『京都競馬場八〇年史』

コラム6

京都西南部におけるハイテク産業の集積

網島　聖

洛南地域を含む京都の西南部には、著名なハイテク企業が集積しており、都市中心部とは対照的な景観を示す。二〇二四年七月現在、京都府下には東証プライム市場（以前の東証一部）の上場企業が三四ある。このうち二四が、京都市と隣接するおよそ京都駅より南側と、JR嵯峨野線より西側の範囲に本社を立地させている。そして、その多くが京セラ、ニデック、オムロン、堀場製作所、村田製作所、任天堂などの電機・精密機器業や情報通信・サービス業といった、いわゆるハイテク産業で構成されている（図1）。京都のハイテク企業は全国的な企業系列に属さず、特色ある経営者のリーダーシップや高度な独自技術に依拠して競争力を有してきた。一般に、その様態は伝統産業の歴史と最先端の技術への志

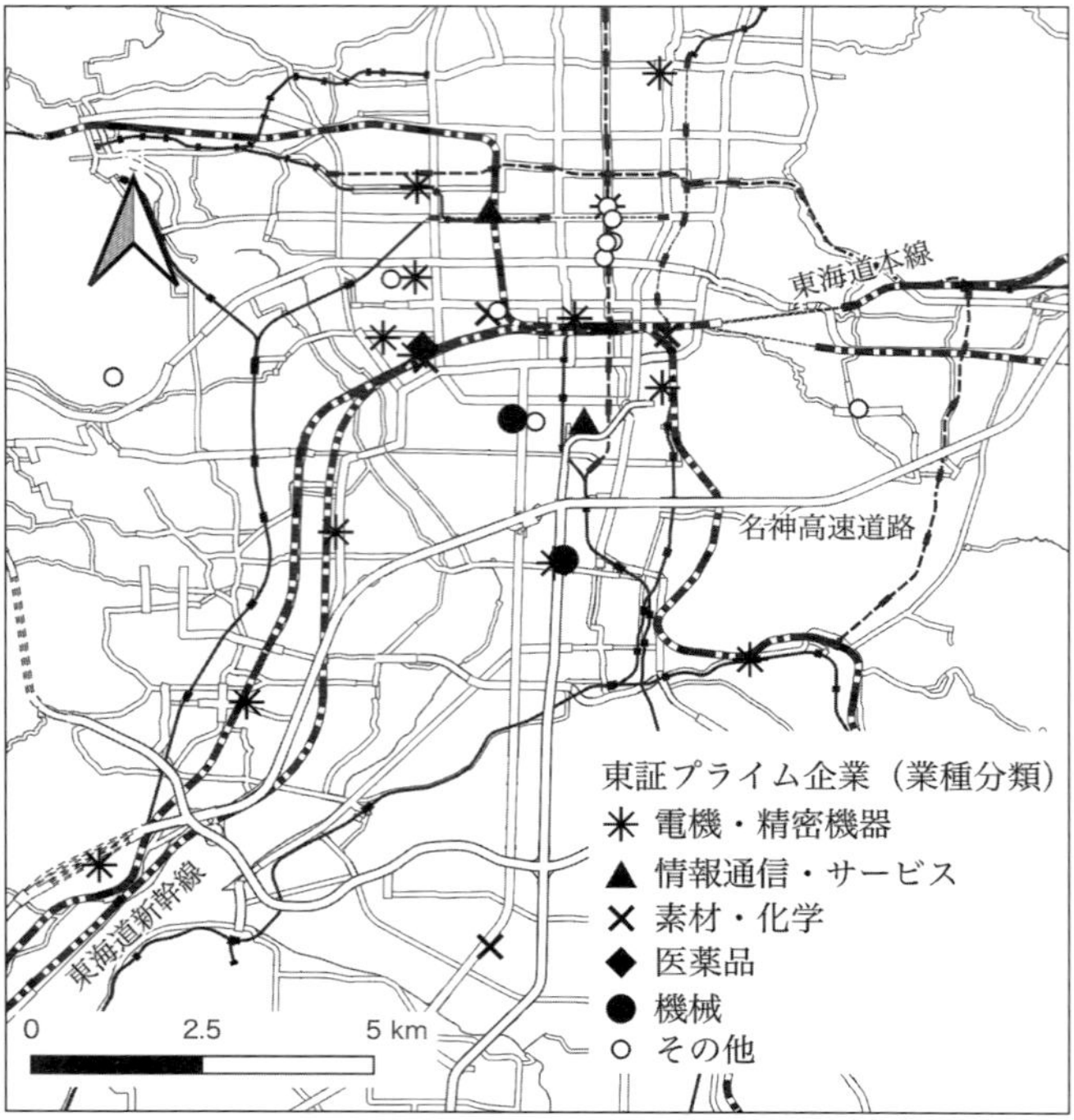

（図1）京都市周辺の東証プライム市場上場企業分布（日本取引所グループ「東証上場会社情報サービス」、「地理院地図Ｖｅｃｔｏｒ」をもとに筆者作成）

向が併存する京都ならではの環境が生み出したものと考えられている。しかし、こうした伝統と先端との混在がどのように生み出されたのかは案外知られていない。ここではその歴史的経緯を遡り、地域の特性を明らかにしたい。

島津製作所とその系譜の企業（舎密局）、ＳＣＲＥＥＮ（石版美術印刷）といった明治期の勧業政策や伝統産業の技術基盤から直接発展した例も存在するものの、地域の工業化を牽引した企業の多くは第二次世界大戦後に創業し、高度経済成長期以降に台頭した電機・精密機器業である。よって、戦前から戦後の時期に、この地域が工業地域として整備された状況を前提として理解する必要がある。

第一次世界大戦期に日本の重化学工業は飛躍的に発展し、京都でも工業都市化が志向された。昭和初期から、京都商工会議所は京都を「精巧工業都市」として発展させようと考え、京都西南部を工業地域とする希望を示し始めた。これを受け、昭和七年（一九三二）にいまだ農村的景観の卓越する下京区、伏見区、南西郡部などの水利の便利な土地が、都市計画用途地域の工業地域に指定された（図2）。現在に至る京都西南部の産業景観の基盤はこの時期に確定されたものといえる。

ただし、この地域の工業化を本格化させたのは、戦時体制の到来であった。戦時経済体制への移行は、京都の産業構造に大きな影響を与えた。昭和一五（一九四〇）年に施行された「七七禁令」は奢侈《しゃし》品の生産と流通を禁じ、西陣の織維産業や伏見の酒造業に壊滅的打撃を与えた。その一方、勃興しつつあった機械・電気・化学工業は軍需転換を強いられながらも急速に発展する。こうして、京都西南部は西陣や伏見で失職した労働者の受け皿となりつつ工業地帯として成立した。一見しただけでは京都在来の伝統産業と断絶して成立したかに見える京都西南部の新興産業であるが、労働力の点からは連続

（図2）開発前の京都市西南部空撮写真（京都府立京都学・歴彩館所蔵、京都商工会議所『京都の新興工業』1933年）

性がうかがえる点が重要であろう。時の商工大臣、岸信介は西陣の労働者が精密工業の労働者に適していると議会で答弁した。京都の精密機械工業を支えた基盤には、教育・研究機関の立地とともに、伝統産業から移行させられた労働者の技術も存在したのである。

戦後における京都の産業復興は他都市に比較すると遅れた。京都では戦災復興計画が策定されず、また内陸に位置し、阪神工業地帯の復興も目覚ましかったために鉄鋼や石油化学工業の拠点たり得なかったのである。ところが、一九六〇年代以降の電機・精密機器業の勃興は状況を一変させる。隣接する大阪東部に家電関連企業が集積し、電機・電子部品への旺盛な需要が発生するとともに、東海道新幹線や名神高速道路といった交通ネットワークの整備が製造業の立地適正を格段に高めた。さらに、電機・精密機器業では新製品、新製造技術に対する需要が大きく、独自技術を誇る新興ベンチャー企業を簇生《そうせい》させることになったのである。

ただし、このハイテク産業集積地がその後たどった経緯については、少し慎重な見方が必要になる。まず、一九九〇年代以降、これらの企業は自社工場を持たないファブレス経営へと進み、製造拠点を京都市外部に求めるようになった点に注意が必要であろう。各社の製造拠点は多くが京都府よりも滋賀県に設けられ、滋賀県の製造業の成長を促進することになった。また、近年、京セラや村田製作所、オムロンといった有力企業が、研究開発拠点の立地を関東地方に求めている。もちろん、グローバル化の中で海外生産拠点の設置に熱心であることは言をまたない。こうして、京都西南部の著名なハイテク企業は、その本社機能を京都に置きつつ、生産、研究、開発の点では徐々に京都から巣立ちつつある。

以上のように、京都西南部は地域の伝統産業と二〇世紀前半までの歴史的経緯を引き継ぎ形成された、新興ハイテク企業の「ゆりかご」と評価できよう。しかし、その状況は現在楽観視できるものではない。新たな企業が生まれて来なければ、「ゆりかご」にならないからである。一九七〇年代後半以降は近隣でのベンチャー企業の創業が停滞していると指摘されて久しい。ベンチャー企業育成のインキュベーターとして設立された京都リサーチパーク（ＫＲＰ）の役割や、京都市が進める「らくなん進都」の施策に注目が集まる。

参考文献

◎有賀健　二〇一三　『京都―未完の産業都市のゆくえ―』新潮社

◎金田章裕・石川義孝編　二〇〇六　『日本の地誌8　近畿圏』朝倉書店

◎藤田貞一郎　一九九四　「京都財界の「工業都市京都」構想―その過去と現在―」『同志社商学』四六－一

執筆者紹介

Ⅰ　洛南の環境と交通

中谷　正和（なかたに　まさかず）
（公財）京都市埋蔵文化財研究所。専門は考古学。
著作／「弥生時代のミニチュア土器とその表現」（『昼飯の丘に集う』中井正幸さんの還暦をお祝いする会、二〇二一年）、『京都市埋蔵文化財研究所発掘調査報告2020-6　富ノ森城跡』（共著）（（公財）京都市埋蔵文化財研究所、二〇二一年）ほか。

小池　寛（こいけ　ひろし）
（公財）京都府埋蔵文化財調査研究センター調査課長。専門は考古学。
著作／『原始・古代の日本海文化』（共著）（同成社、二〇〇〇年）、『難波宮と古代都城』（共著）（同成社、二〇二二年）ほか。

金田　章裕（きんだ　あきひろ）
京都府立京都学・歴彩館館長、京都大学名誉教授。専門は歴史地理学。
著作／『古地図で見る京都』（平凡社、二〇一六年）、『平安京―京都―都市図と都市構造』（編著）（京都大学学術出版会、二〇〇七年）ほか。

前田　義明（まえだ　よしあき）
元京都市考古資料館長。専門は考古学。
著作／『平安京百景―京都市平安京創生館展示図録―』（共著）（（公財）京都市生涯学習振興財団、二〇二一年）、『日本石造文化事典』（共著）（朝倉書店　二〇二四年）ほか。

Ⅱ　中近世の洛南

吉永　隆記（よしなが　たかのり）
京都精華大学国際文化学部准教授。専門は日本中世史。
著作／『日本中世の課税制度』（共著）（勉誠出版、二〇二二年）、『「ムラの戸籍簿」を読み解く』（共著）（小さ子社、二〇二四年）ほか。

福田　千鶴（ふくだ　ちづる）
九州大学基幹教育院教授。専門は日本近世史。
著作／『淀殿』（ミネルヴァ書房、二〇〇七年）、『高台院』（吉川弘文館、二〇二四年）ほか。

東　昇（ひがし　のぼる）
京都府立大学文学部歴史学科教授。専門は日本近世史・文化情報学。
著作／『近世の村と地域情報』（吉川弘文館、二〇一六年）、『京都の産物』（臨川書店、二〇二三年）ほか。

林　奈緒子（はやし　なおこ）
京都府立京都学・歴彩館京都学推進課。専門は日本古代中世史。
著作／「日本古代における京内空間整備」（『史学論叢』佐藤信先生退職記念特集号、二〇一八年）、「日本古代の兵庫と鞠智城」（『鞠智城と古代社会』七号、二〇一九年）ほか。

竹中　友里代（たけなか　ゆりよ）
京都府立大学文学部特任講師。専門は日本近世近代地域史学。
著作／『尾張藩社会の総合研究』第八篇（共著）（清文堂、二〇二〇年）、「近代京都近郊遊廓における衛生環境と梅毒」（『京都府立大学学術報告　人文』第七五号、二〇二三年）ほか。

Ⅲ　近現代の洛南

平井　俊行（ひらい　としゆき）
八幡市立松花堂庭園・美術館館長。専門は日本建築史。
著作／『近世妙心寺建築の研究』（思文閣出版、二〇一三年）、「禅林寺阿弥陀堂について」（『京都府埋蔵文化財論集』第五集、二〇〇六年）ほか。

杉本　弘幸（すぎもと　ひろゆき）
京都府立京都学・歴彩館京都学推進課、京都芸術大学大学院芸術研究科特任准教授。専門は日本近現代史。
著作／『近代日本の都市社会政策とマイノリティ』（思文閣出版、二〇一五年）、『ヨイトマケとニコヨンの社会史』（小さ子社、二〇二五年）ほか。

網島　聖（あみじま　たかし）
佛教大学歴史学部准教授。専門は人文地理学。
著作／『同業者町の研究』（清文堂出版、二〇一八年）、「近代日本の大都市における同業組合の制度と空間的スケール」（『経済地理学年報』六六-四、二〇二〇年）ほか。

あとがき

本書は、これまで既刊の『京都を学ぶ』シリーズにおける方針を基本的に踏襲し、洛南の特徴ある地形や立地条件を反映した文化資源を発掘して、それを紹介することを主眼とした構成とした。従って、既刊の八冊と同様に、本書もまた網羅的・目録的な紹介を目指したものではない。とはいえ、本書にご執筆いただいた研究者の視角は、多様な文化資源に注目を向けることとなった。それらを、次のように三章に分けて収載した。

Ⅰ「洛南の環境と交通」では、河道変遷の痕跡でもある旧河道、古くから存在した遠隔地域間の交流による考古学的遺物・遺跡、および平安京の南の重要港であった与等津の位置と施設を取り上げた。さらに平安時代の鳥羽離宮と、木津川河床で発見された近代の水制施設がデレーケに関わることを報告するコラムを加えた。

ついでⅡ「中近世の洛南」では、中世の久我家領久我庄、近世洛南の村々在住の御所に勤めた人々の活動などを取り上げた。また、男山に鎮座する石清水八幡宮については、やはり近世の石清水放生会、ならびに石清水八幡宮の神仏分離に関わる論考を中心とした。さらに豊臣秀吉の側室淀君と淀城についてのコラムを加えた。

Ⅲ「近現代の洛南」では、まず石清水の松花堂が近代に移転したとされる問題を採り上げ、著名となった松花堂弁当に関わるコラムも加えた。さらに、近代の男子普通選挙実施期の洛南における政治文化の変容を取り上げた。また洛南には近代以来、淀競馬場が立地し、一方で現代のハイテク産業の集積も見られるという特徴的な立地が展開している。これらについて、二つのコラムを加えた。

くりかえしになるが、本書で取り上げた事象は、洛南に展開する各種の文化資源のうちの特徴的な例ではあるが、網羅的に取り上げたものではない。しかし、本書で紹介された各種の文化資源を通じて、それらが語る洛南の諸相に改めて関心を向けていただくことができたなら、本書の目的の大半を果たしたことになる。

本書の出版をお引き受けいただいたナカニシヤ出版に、とりわけ編集実務を御担当いただいた石崎雄高氏にも、改めて深謝したい。また、研究会の運営と本書の編集実務についてコーディネーターとしてご尽力いただいた、京都府立京都学・歴彩館（京都学推進課）の杉本弘幸、中西大輔、林奈緒子、今村凌、田坪賢人各氏にも、末尾ながらお礼申し上げたい。

なお表紙カバーに用いた、独特な鳥観図風の地図は、吉田初三郎による『洛東洛西洛南洛北京名所交通圖繪』（京都市教育会、一九二八年）である。

京都学研究会代表　金田章裕

京都を学ぶ【洛南編】──文化資源を発掘する──

2025年3月31日　初版第1刷発行　　定価はカバーに表示してあります

京都学研究会 編
編集委員　金田章裕・東　昇
コーディネーター　杉本弘幸・中西大輔・林奈緒子・今村　凌・田坪賢人

発行者　中西　良
発行所　株式会社ナカニシヤ出版
〒606-8161　京都市左京区一乗寺木ノ本町15番地
電　話　075－723－0111
FAX　075－723－0095
振替口座　01030－0－13128
URL　http://www.nakanishiya.co.jp/
E-mail　iihon-ippai@nakanishiya.co.jp

落丁・乱丁本はお取り替えします。ISBN978-4-7795-1859-1 C0025

装丁　草川啓三
印刷・製本　ファインワークス